〈もくじ〉
水のタダビバ ………… 18
室内のタダビバ ……… 26
外のタダビバ ………… 46
遠出のタダビバ ……… 60
ママの場 …………… 68
イベントタダビバ …… 78
車でGO …………… 91
自分でタダビバ ……… 96

かわいいワンコ！
ふれあえます
（動物愛護館 P40）

ドレスがちょっと
小さかったかしら
(ま・あ・る P42)

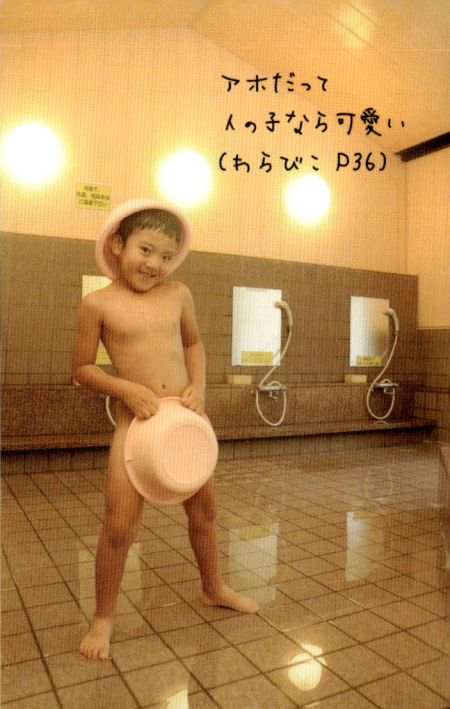

アホだって
人の子なら可愛い
(わらびこ P36)

オープンカーやバイクや
三輪車もいっぱい
(いずおもちゃ図書館 P27)

女児ってやっぱり
お買い物が好きよね
(沼上賀源循環学習プラザ P38)

3連チャンのヘアピンカーブ（陣笠山ローラースライダーP62）

景色が良すぎる滑り台
（蒲原、御殿山とオーリオP66）

積み木のドーム出現
（つみきのこのさん P96）

きのこは苦手なのよ〜
（安倍川流木クリーンまつり P89）

子連れで練習&奏楽
(リトモベベ P69)

ただいま修行中
(東光寺の子供坐禅会 P81)

スゲー！これー！カッコイイ～
(静岡流通センター夏祭り P86)

遊んだ後はキッズスペース付き
バイキング(る葡萄御殿えこ山とオーリオ P66)

門前でムエタイやってる～
(日・タイ友好長政まつり P88)

標識に「除く」がついてたら
駐車禁解除？ (P92)

自分で作るキノコちゃん
(スプーンプラバン P99)

よく見て〜。
指紋が見えるかな
(由比入山親水公園 P61)

## あいさつ

子連れであちこち行くのが好きで、行った場所が面白いとみんなに言いふらす私。

たいがいはパパ無しで予算も小遣い程度。

しょっちゅう行くのに千円以上使うとこるにはそうそう行けないし、パパ不在だからなるたけラクに過ごしたい。ついでに自分も楽しくなくっちゃね。

それがタダだったらもっとイイ!

この本には、男児二人の母ちゃんカメラマンである私が、子連れで行ってみて、遊んでみて、

ほんとによかった!しかもタダ!という遊び場をたくさん紹介しました。

知られてない遊び場やイベントがいっぱいで、友だちママにも評判で、

そのうえネットにはほとんど出てないローカル情報がいっぱいの自信作。

一度ダマされて、それからパラパラめくってちょーだい。

※この本に掲載されている情報は2014年3月現在のものです。

> 水で疲れて寝てほしい

# 水のタダビバ

# 田町プール

0円

遊んだ子
ゆーくん・なっちゃん

## 知らない間にキレイになってた!

えっ?! 田町プールがリニューアルしてる! 隣の田町公園も同じくキレイになって遊具もたくさん。このプールは居心地がすばらしい。プールサイドには屋根付きの場所もあるし、幼児プールは子どもでも充分足がつく。プールが白くて明るいから底まで見えて安心感もある。ママが短パンでもOK(入水しなければ!)って嬉しくない? 水の流れる滑り台はちょっと短めで、年中さんがそこそこ泣く程度に面白い。そして忘れちゃならないのが田町公園。せっかく隣にあるんだから水着のまま公園にダッシュしちゃう。いつもなら遊んでいられない暑さの真夏の公園も、冷えた身体には気持ちいい。遊具で遊んで、近所でかき氷を食べて、身体が乾いた頃にまたプール。熱い、冷たいをサウナのように繰り返すのが元気すぎる子どもを疲れさせる秘訣。1日遊んだら後は帰って寝るだけ。そのまま朝まで寝てください。お願いします。

テントの日陰

近所のかき氷屋さん。100円！

平日の午前中は空いてる

奥のプールは小１がやっと顔が出る位

ロッカーの１００円は返却式

隣は田町公園

所 在 地 ／ 葵区田町3丁目田町公園内
開催期間 ／ 7月中旬～8月下旬
利用時間 ／ 9:30～17:00（12:00～13:00昼休み）
休 止 日 ／ 期間中無し
プール施設 ／ 20mプール・小プール
駐 車 場 ／ なし

 お願いママナー　子どもから目を離さないで～！水は怖いよ

20

## その他のプール 0円

幼児にオススメのプールがまだまだあるよ。もちろんぜ〜んぶ無料。

### ①下川原公園プール
所 在 地 ／ 駿河区下川原6丁目下川原公園内
開催期間 ／ 7月中旬〜8月下旬
利用時間 ／ 9:30〜17:00（金曜日は12時まで）
休憩時間 ／ 12:00〜13:00
休 止 日 ／ なし

◀イルカ滑り台のある幼児プール

### ②用宗公園プール
所 在 地 ／ 駿河区用宗5丁目用宗公園内
開催期間 ／ 7月中旬〜8月下旬
利用時間 ／ 9:30〜17:00（金曜日は15時まで）
休憩時間 ／ 12:00〜13:00
休 止 日 ／ なし

◀海風が気持ち良いリゾート気分のプール

### ③大浜公園プール
所 在 地 ／ 駿河区西島大浜公園内
開催期間 ／ 7月中旬〜8月下旬
利用時間 ／ 9:30〜18:00
休憩時間 ／ 1時間おきに5分休憩あり
休 止 日 ／ なし

◀言わずと知れた大型プール

### ④東新田公園内　水遊び場
所 在 地 ／ 駿河区東新田4丁目東新田公園内
開催期間 ／ 7月中旬〜8月下旬
利用時間 ／ 9:30〜17:00（金曜日は15時まで）
休憩時間 ／ 12:30〜13:30
休 止 日 ／ なし

◀ちびっ子に最適な浅〜い水遊び場

### ⑤清見潟公園　横砂プール
所 在 地 ／ 清水区横砂　清水清見潟公園内
開催期間 ／ 7月中旬〜8月下旬
利用時間 ／ 10:00〜16:00
休憩時間 ／ 12:30〜13:30
休 止 日 ／ 月曜日

◀水中メガネと帽子が必要。忘れたら貸してくれる

### ⑥清見潟公園　興津中町プール
所 在 地 ／ 清水区興津中町　清水清見潟公園内
開催期間 ／ 7月中旬〜8月下旬
利用時間 ／ 10:00〜16:00
休憩時間 ／ 12:30〜13:30
休 止 日 ／ 月曜日

### ⑦八木間六本松公園プール
所 在 地 ／ 清水区八木間町　八木間六本松公園内
開催期間 ／ 7月中旬〜8月下旬
利用時間 ／ 10:00〜16:00
休憩時間 ／ 12:30〜13:30
休 止 日 ／ 月曜日

※このページは「子育て応援サロン エスポワール」のこうちゃんママが撮影してくれました！
子連れエステ500円〜　http://www.espoir-nozomi.com

清見潟公園の噴水
0円

## ジャアジャア噴き出る水の広場

遊んだ子 とーくん・あーちゃん

袖師埠頭近くにあるひたすら横長に続く公園。遊具広場もスポーツ広場も、屋内・屋外プールもある。中でも心待ちなのが4月〜10月限定の噴水遊び。なんてったって自分が着替えなくていい！着替えは子どもだけ。楽だよ楽。ジャアジャアと噴き出す水に、子どもは着いたそばから「早く！ 早く！」と大騒ぎ。こんなに勢いがある噴水って私は他に知らない。噴出間隔5分。でもこの数分が待てないのが子ども。いそいそとセミやチョウチョ捕りに走ってる。虫捕って噴水して虫捕って噴水して…。虫取り網は向かいの釣具屋に、おむすびはその隣で売ってるから手ぶらで行ってもなんとかなる。これだけ遊んでそれでもまだ元気なら隣の横砂プールにレッツ・ゴー。ゴーグルや帽子を忘れても貸してくれる親切プールがあるよ。もちろん無料。帰りは遊具で遊ぼうか。施設が連続してるからこその遊び方。サンキュー清見潟公園。

2〜3分歩くと駄菓子屋が。電車だー！

何かを修行中。らしい

隣が遊具広場

こんな水場も

子どもの着替えならベンチで済んじゃう

木がいっぱいで虫もいっぱい

所 在 地 ／ 清水区横砂　清水清見潟公園内
開催期間 ／ 7月中旬〜8月下旬
利用時間 ／ 10:00〜16:00
休 止 日 ／ 月曜日
駐 車 場 ／ なし

おーー水が来るぞー

お願いマママナー　ゴミ箱はないよ。持ち帰ろう

23

## 牛妻 水辺の楽校

### 0円

## 子ども好きのおじちゃん作の川遊びパラダイス

遊んだ子
こうくん・たかくん

あっという間に大人気になった水辺の楽校。安倍川伏流水を利用した夏期限定のパラダイス。市営かと思いきや「世話人会」の手作り運営。滑り台もイカダも、全部おじちゃん達が作ってる。ショベルカーの操作はお手の物。「掴み取り」用のアマゴだって卵から育ててるし、ザリガニ釣りのザリガニも一匹二匹釣ってきてるというからすごい。なぜ？ってそれは子どもの笑顔が見たいから。そして川遊びの楽しさと怖さを知って欲しいから。最近はリクエストに応えて、広い日陰ゾーンを作ったり、かき氷やフランクフルトの販売もやっている。でもこんな素敵なおじちゃん達を時々悲しませるのは理不尽なママ達の行動。自分は日陰で子どもほったらかし、ゴミを持ち帰らずにわがまま放題。話を聞いたら泣けてきた。黄色いTシャツを着たおじちゃん達を見かけたら「ありがとー」をいっぱい言おう。子どもの笑顔がお代のかわり。

24

浅いから落ちるのも怖くない

日陰ゾーンは広いから場所取り不要

水の滑り台。ソリは貸してくれる

そろそろ16時だよ〜帰ろう

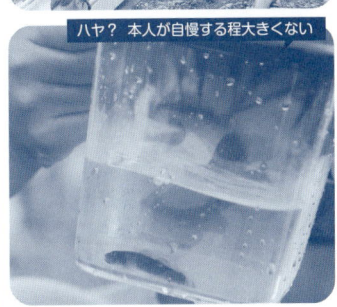
ハヤ？本人が自慢する程大きくない

ちびっ子用の浅いプール

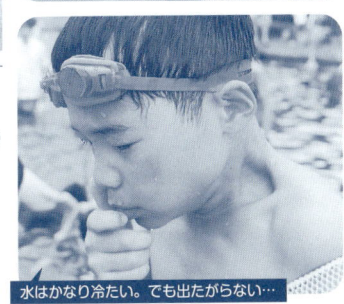
水はかなり冷たい。でも出たがらない…

| | |
|---|---|
| 所 在 地 | 静岡市葵区牛妻　牛妻スポーツ広場周辺<br>（曙橋たもとに入口看板有） |
| 開催期間 | 7月21日海の日〜8月末まで（毎週月曜日休み）<br>初日は開校イベントあり |
| 利用時間 | 10:00〜16:00（帰らないとおじさんが困る） |
| 駐 車 場 | あり |

 お願いママナー　ゴミ箱はないよ。人の分まで持ち帰って子どもにイイトコ見せよう

> 雨の日の味方

# 室内のタダビバ

# しみずおもちゃ図書館 0円

## 扉の向こうはオモチャワールド

遊んだ子
はーちゃん・ゆーくん・なっちゃん

「おもちゃ図書館」は、子どもと一緒に遊べる場所を探し歩くうちにやっとみつけた空間。かなり気に入ってる。そもそもは「障がいのある子もない子も、同じ空間で遊ぶ事を通じて優しさを育む場所」。障がいのある子に出会ったら、ウチの子が一体どんな風に遊ぶのか、優しくするのか？されるのか？ぜひ体験したいのだけど、残念ながらまだチャンスが訪れない。自走式カーっていうのかな？乗って遊ぶ車や木のおもちゃ、ママごとセットも山盛りあって、テーブルゲームがいっぱい。2世代位前だけど戦隊物もある。しかも貸出日にはおもちゃを借りる事が出来る！前にテーブルサッカーとショベルカーを借りて帰ったら、息子が部屋でブイブイ乗ってた。朝一で行って向かいでおむすびを買って、閉館までみっちり遊ぶのが我が家のコース。赤ちゃん連れ時代、ずいぶんここに助けられた。

27

飲食は1階のロビーでもできる

戦隊ジャー変身ロボ！

おチビはボールプールにビビり気味

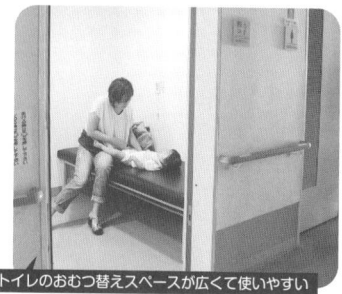
トイレのおむつ替えスペースが広くて使いやすい

プラレイルン〜♪とゴキゲン

教室位の大きさで目が届く

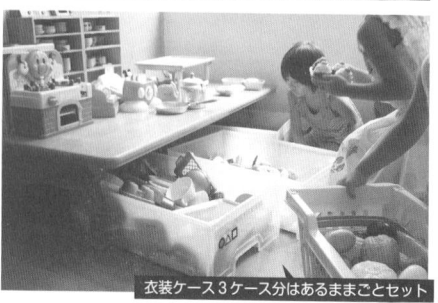
衣装ケース3ケース分はあるままごとセット

所 在 地 ／ 清水区宮代町1-1はーとぴあ清水2階
☎054-371-0290
利用時間 ／ 10:00〜15:00
開 館 日 ／ 毎日(第1金曜・第3日曜・祝日は除く)
貸出おもちゃ ／ 第2・第3土曜一人につき1点（つまり3人兄弟なら3点）2週間まで ※おもちゃ病院は第4日曜のみ
駐 車 場 ／ あり

※1Fには障がい者も働く喫茶店"ひだまり"もある。(平日のみ営業)

 お願いマママナー　目が届くからついウトウト。でも寝ないでね。見てて〜

## パン屋さんが出張してるからお昼の心配なし

駿府城公園内堀沿いの聖母幼稚園のもっと奥。こんなところに建物が!?と思うくらいちょっとわかりにくい「静岡市中央福祉センター」の2階にある。地下に駐車場があるけど車で行かない方がいいかな。規模はしみずおもちゃ図書館の8割程度。こちらにもボールプールや木のおもちゃ、テーブルゲームがいっぱいで、もちろん貸出もやっている。開館が月4回だから返す日が心配だけど、万が一時はボランティアセンターの受付に返す事ができる。第3日曜には福祉事業所からパンの出張販売があって、すぐ隣の「ポケット」で買えるのがいい所。移動がないのは子連れの味方！同フロアの階段横には「おもちゃ病院」が。詳しくは下記を読んで〜。

### しずおかおもちゃ図書館 0円

| 所 在 地 | 葵区城内町1-1 静岡市中央福祉センター2階 ☎054-254-6330 |
|---|---|
| 開館時間 | 10:00〜15:00 |
| 開 館 日 | 第1月曜、第2土曜、第3日曜、第4水曜 |
| 休 止 日 | 年数回（お問い合わせください） |
| 貸出おもちゃ | 開館日に貸出。一人につき1点。2週間まで ※おもちゃ病院は第2土曜日のみ |
| 駐車場 | あり |

## 壊れたおもちゃを直してくれる

壊れても「わざわざお金かけて直すのはちょっと」と思って放ったらかしにしちゃうおもちゃ。おもちゃ図書館に行った時にボランティアグループ「おもちゃ病院」の看板を見つけて急いで家に取りに戻った。磁石の力で丸まる怪獣みたいなやつが丸くならない…スイッチを押すと飛び出すはずのキャラクターが動かない…。どんな風に壊れてるかを話して渡したら「ふむふむ、こういう風になってるのかぁ。何かちょうどいい部品があるかな？」とか言いながら預かってくれた。そのままおもちゃ図書館で遊ぶ事数十分。帰りに「直ってるよ〜」と渡してくれた。パパよりずっと頼れる存在。

### おもちゃ病院 0円

| 所 在 地 | おもちゃ図書館の同フロア |
|---|---|
| 活 動 日 | おもちゃ病院静岡 第2土曜日10:00〜15:00 ☎254-6330 おもちゃ病院清水 第4日曜日10:00〜15:00 ☎371-0290 部品代のみ自己負担。テレビゲーム系は修理不可 日時が変更になる場合あり。 各おもちゃ図書館に確認しよう |

服織児童館と夏プール 0円

## 児童館を忘れてないかい?

レポート そのちゃん・しんくん・じんくん

児童館に行こう! というと「そういえばあるね〜。行った事ないけど」っていうママが多い。なぜ? 定着しすぎて忘れられてる? 滑り台や三輪車・ボールなどの外遊びに加えて、室内には卓球台やサッカーゲーム台もあって十分楽しいのに。私が好きなのは服織児童館。幼児室が未就学児専用なのがいい。畳でのびのびしながら自由に遊ぶ子どもを見るのは家の延長気分で、何より自分がのんびりできる。そして夏季限定のプールもいい。ここも未就学児専用で水が浅いから自分は水着にならなくても入れるのが楽ちん。平日や土日の無料のイベントも多い。赤ちゃんから小学生までを対象に、毎週何かしらやっている。夏まつりはさらにすごい。かき氷・ゲーム・菓子もろもろが全部! 全部無料! なぜみんなが行かないのか、まさか知らないのか。行かないなんてもったいない!

おもちゃは毎週消毒してくれている

畳があるから赤ちゃんも一緒にゴロゴロ

赤ちゃんは「バケツプール」にどうぞ

三輪車も一輪車も自由に使える

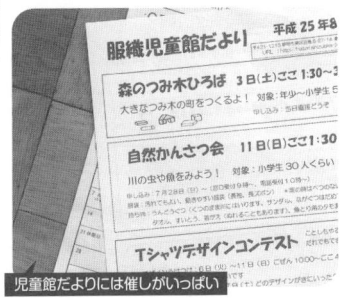
児童館だよりには催しがいっぱい

所 在 地 ／ 葵区羽鳥6-27-14 ☎277-1201
開館時間 ／ 9:00〜17:30
　　　　　（幼児プールは夏季の平日10:00〜14:00）
休 館 日 ／ 月曜(祝日のぞく)・第3日曜・祝祭日の翌日・年末年始(12/28〜1/3)
駐 車 場 ／ あり

お願いマママナー　館内で食べ物は食べられないよ。素直に外で食べよう！

31

# 静岡市内の児童館

■開館時間／9:00～17:30　■対象年齢／0歳から18歳までのお子さんとその保護者(未就学児は保護者の付添が必要)　■利用料金／無料　■休館日／月曜(祝日をのぞく)・第3日曜・祝祭日の翌日・年末年始(12/28～1/3)

## ★西奈児童館
図書室、ごらく室(乳幼児室)、ゆうぎ室、テラス、プール(夏期のみ)、グラウンド
住所／葵区瀬名1丁目19-30
電話/FAX番号／054-263-6343　E-Mail／nishina-jdk@sizuoka-shakyo.or.jp

## ★安東児童館
図書室、ごらく室(乳幼児コーナーあり)、ゆうぎ室
住所／葵区安東二丁目16-12
電話/FAX番号／054-246-7224　E-Mail／ando-jdk@shizuoka-shakyo.or.jp

## ★美和児童館
図書室、ごらく室(乳幼児コーナーあり)、ゆうぎ室、集会室、広場、プール(夏期のみ)
住所／葵区安倍口団地2-10
電話/FAX番号／054-296-4156　E-Mail／miwa-jdk@shizuoka-shakyo.or.jp

## ★麻機児童館
図書コーナー、ゆうぎ室、集会室(和室)、砂場、広場
住所／葵区有永4-2
電話/FAX番号／054-248-4044　E-Mail／asahata-jdk@shizuoka-shakyo.or.jp

## ★服織児童館
図書室、ゆうぎ室、創作活動室、幼児室、砂場、広場、プール(夏期のみ)
住所／葵区羽鳥6-27-14
電話/FAX番号／054-277-1201　E-Mail／hatori-jdk@shizuoka-shakyo.or.jp

## ★豊田児童館
図書室、ゆうぎ室、ごらく室(幼児室)、テラス、プール(夏期のみ)
住所／駿河区小鹿二丁目26-1
電話/FAX番号／054-281-4718　E-Mail／toyoda-jdk@shizuoka-shakyo.or.jp

## ★長田児童館
図書室、ごらく室(和室)、ゆうぎ室、幼児室、砂場、広場、プール(夏期のみ)
住所／駿河区上川原13-1
電話/FAX番号／054-259-4800　E-Mail／osada-jdk@shizuoka-shakyo.or.jp

## ★中島児童館
図書コーナー、ゆうぎ室、乳幼児室、広場、砂場、グラウンド
住所／駿河区中島2992
電話/FAX番号／054-289-5316　E-Mail／nakajima-jdk@shizuoka-shakyo.or.jp

## ★蒲原白銀児童館
図書室、ごらく室(和室赤ちゃんルーム)、ゆうぎ室、砂場、広場
住所／清水区蒲原721-4
電話番号／054-385-5651　FAX番号／054-385-5649
E-Mail／kanbara-jdk@shizuoka-shakyo.or.jp

## ★由比児童館
図書コーナー、子育て支援センター兼幼児室、プレイルーム、集会室、砂場、広場
住所／清水区由比421-20
電話／054-375-2412　FAX番号／054-375-2461
E-Mail／yui-jdk@shizuoka-shakyo.or.jp

## ★草薙児童館
図書室(集会室)、ゆうぎ室、乳幼児室、授乳室、乳幼児用トイレ
住所／清水区草薙一里山3番1号
電話/FAX番号／054-345-5100　E-Mail／kusanagi-jdk@shizuoka-shakyo.or.jp

# 子育て支援センター

## ★中央子育て支援センター

### 静岡中央子育て支援センター

静岡市葵区呉服町2丁目1-1
札の辻ビル3、4階
3F／一時保育室／tel054-254-2287
4F／子育て交流サロン／tel054-254-2296

### 清水中央子育て支援センター

静岡市清水区島崎町223
清水テルサ1F(静岡市東部勤労者福祉センター)1階
一時保育室チャイルド／tel054-355-3311
交流サロンすくすく／tel054-355-3366

## ★地域子育て支援センター

### 葵区

- 子育て支援センター北安東／葵区北安東4丁目29-24北安東保育園内　tel054-246-1180
- 子育て支援センター小百合／葵区上伝馬18-28小百合キンダーホーム内　tel054-250-8101
- 子育て支援センターしずはた／葵区俵沢109　賎機保育園内　tel054-294-0600
- 城東子育て支援センター／葵区城東町24-1城東保健福祉エリア2F　tel054-249-3188
- 子育て支援センター服織第二／葵区羽鳥本町25-33　服織第二保育園内　tel054-278-2256

### 駿河区

- 子育て支援センター東豊田／駿河区国吉田6丁目7-29　東豊田保育園内　tel054-261-6455
- 子育て支援センター登呂／駿河区登呂3丁目3　tel054-284-4777
- 子育て支援センター丸子／駿河区丸子2丁目18-32　丸子保育園内　tel054-257-0621

### 清水区

- 子育て支援センターメリーゴーランド／清水区八木間478　清水興津北保育園内　tel054-369-6922
- 子育て支援センターあけぼの／清水区駒越東町9-7曙保育園内　tel054-334-8201
- 子育て支援センターすぎの子／清水区入江1丁目13-30　杉の子保育園内　tel054-366-3865
- 子育て支援センター第二ふたば／清水区草薙359-6第二ふたば保育園内　tel054-346-9619
- 子育て支援センターゆめの木／清水区下野町12-68　あいわ保育園内　tel054-361-1011
- 蒲原子育て支援センター／清水区蒲原新田一丁目21-1　蒲原市民センター内　tel054-385-3112
- 由比子育て支援センター／清水区由比421-20　tel054-375-2412

撮影協力／静岡学園幼稚園のみんな

## 一度行ったら余命が延びる？

遊んだ子
こーちゃん

巨大地震時、駿河区に1mの津波が到達するのに4分。清水区は2分。早い！ 知らなかった〜。雨の日に時間潰しが出来ないものかと行った地震防災センターで思いがけず余命を延ばした気分。1mって考えたら4〜5才児の身長と同じ。うちの子逃げられるだろうか？ 面白半分で乗った起震装置も想像以上に、前後にも左右にも上下にも揺れるから、ガンガン揺られて抱っこしてた子を落としかけた。もう自分が立ってるだけで精一杯。本当に災害の時、私、子どもを守れるだろうか。「津波シアター」はのんびりしたくて気楽に座っただけなのに、リアルな映像に子どもも私も釘付けになってしまった。4月からは新しい展示設備も登場！ スイッチが多くて子どもがやたらと押す姿が目に浮かぶ。興味本位でも雨しのぎでもいい。一度行っておくのを薦めたい。知ってた方が生き残れそうな体験がいっぱい。

耐震コーナーは、これから家を建てたい人にもオススメ

津波の高さを実感できる

子どもにとってはアトラクション

こーゆうのを見るのは大人も楽しい

家具の固定対策コーナー

津波シアターで泣く子が続出

所 在 地 ／ 葵区駒形通5丁目9-1　☎251-7100
開館時間 ／ 9:00〜16:00
休 館 日 ／ 月曜日・年末年始
駐 車 場 ／ あり

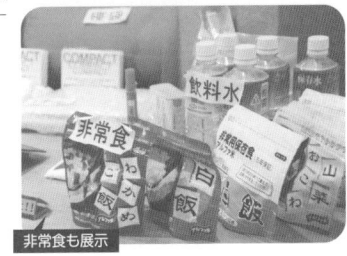
非常食も展示

お願いマママナー　地震防災ガイドブックは捨てずにちゃんと熟読しよう

## 風呂もカラオケもある子連れの穴場

遊んだ子
とーくん・あーちゃん

市内にお風呂が無料の所があるなんて知らなかった。しかもカラオケまで無料。しかしそれでも行く勇気の出ないアウェイの地「わらびこ」。居るのはじいちゃんばあちゃんばかり。下見…あくまでも下見だから、と一大決心して乗り込んでみたらすんなり馴染めた。みんなが優しかった。そもそも年寄りは小ちゃい子が好きだから優しいんだよな。カラオケの申し込み方がわからなくてウロウロしてたらアニメソングに誘われ、お腹が空いたら「入り口で安くて美味しいおかずを売ってるよ」と教えてくれた。「すぐ裏から川に下りられるから夏にもういっぺんおいで」とも言われた。あちこちから声を掛けられて久しぶりに誰かに親切にされた1日だったな〜。風呂はキレイで広いし、石鹸もドライヤーもある。子どもは、恥ずかしいと言ってる割にはカラオケを3曲も唄ってた。この分なら子連れ天国になる日も近いかも。

平日のほとんどの日に惣菜の出店がある。おでん５０円〜

おしりプカプカ

舞台でカラオケに初挑戦

アイス食べたら頭がキーン

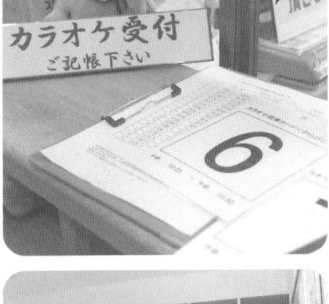

カラオケの受付がわからなかったら聞こう

外のトイレもキレイだから川遊びの拠点になる

脱衣所も広い

所 在 地 ／ 静岡市葵区大原1834　☎270-1501
利用時間 ／ 9:17〜17:00
風　　呂 ／ 毎週火曜〜日曜 10:30〜15:30(受付15:00)
カラオケ ／ 平日のみ 10:00〜11:30と13:30〜15:00
休 館 日 ／ 月曜日(ただし祭日の場合は翌日)・
　　　　　　年末年始(12/28〜1/4)・第4火曜日
駐 車 場 ／ あり

お願いママのマナー　お風呂で泳がないでね。

37

沼上
資源循環
学習プラザ

0円

# 行かないなんてもったいない！
# か〜なり楽しいしずもーる沼上

遊んだ子　さくちゃん・はーちゃん 他色々

「学び」を求めて行ったら楽しくてビックリ。ごみの下をくぐったり、箱の中身を当てたりの体感展示が1階にあって、2階では「ゴミ減らし買い物ごっこ」ができる。擬似で買い物をしながら、なるべく少ないゴミを目指す体験型。「もったいないクイズ」は、パソコンの画面タッチ式で子どもでもスイスイ。もー書ききれない。資料閲覧コーナーには机も絵本もあるからのんびりゆったり休めちゃう。各種講座も参加費無料！　竹の水でっぽう、雑誌からはがき作りに、一閃張り風「もったいない張り」のトレー作りなど、子どもでも楽しい講座。知る人ぞ知るのは、年3回のリユースマーケット。集められた服は事前にシミや穴をチェックし、可能な限りアイロンをかけて毎回出品される。古着とは思えないクオリティーで毎回行列ができるのも納得。土曜と祝日も開館してるよ。

38

ゲッ！本物そっくり生ごみサンプル〜

クイズ問題が色々あって何度やっても楽しい

1冊持参で3冊までの古本がもらえる「古本銀行」

ハコ〜の中身はナンジャラホイ♪

無料講座でこんなものが作れちゃう

出品待ちのリユース服。美品だらけ

「資料閲覧コーナー」

所 在 地／葵区南沼上1217-1　☎207-8971
開館時間／9:00〜16:00
休 館 日／日曜・年末年始
駐 車 場／あり

お願いマママナー　リユース品大募集。ベビー用品使ってる？捨てる前に持って行こう

39

# 動物愛護館

**0円**

子ども好きなあずきちゃん。わんこ初心者にも優しい

ふれあい方がわからない…ウーン

犬猫譲渡の伝言板

| 所在地 | 葵区産女954　☎278-4070 |
|---|---|
| 休館日 | 月曜(祝日・振替休日の時は翌日)・年末年始(12/29〜1/3) |
| 開館時間 | 9:00〜16:00<br>ふれあい時間は、<br>平日10:00〜12:00と13:45〜16:00<br>土日祝10:00〜13:00と13:45〜16:00 |
| 駐車場 | あり |

## 飼えないんだけどね。だけど時々触れ合いたいのよ

遊んだ子 とーくん・あーちゃん

家に動物が居ないから、「命に疎いんじゃないか?」と、動物愛護館に行ってみた。看板犬2匹と猫3匹をメインに開館日に「ふれあい」をやっている。数が少ないのは、譲渡や飼育が進んでる嬉しい証拠なんだそう。ケージの中の野良猫は懐いたり警戒したりで、子ども達は四苦八苦しながらも楽しそう。隣の動物指導センターでペットの火葬や迷子受け渡しをしてると聞いて「ワンコだって死んじゃうし、君みたいに迷子にもなるんだよ」って話したら、グスンって泣き顔になっちゃった。そういう事も含めての学びかな。ちょっと狭くて予算少なめ感の施設。大切な事だし、もっともっと楽しい場所にして欲しい。静岡市さんがんばって。

**お願いマママナー** 動物はおもちゃじゃないよ。係の人の話を聞こう

# 静岡市美術館

美術館スタッフと楽しく制作

ママがいなくたって全然だいじょうぶ

カフェで子どもを待つのもいいわね

## 子連れだって夢の一人鑑賞ができるのだ！

遊んだ子 チビッこプログラム参加者

子守り最盛期の夢は「一人で立ち読みする」事だった。さらにそのワンランク上のビッグドリーム「一人美術鑑賞」が静岡市美術館でできる。「しずびチビッこプログラム」。参加料が500円かかるけどどうしても載せたかった。子どもの観覧料は無料だから許して。事前の申し込みが必要でちょっと面倒。でもでも、うまくいけば1時間半の優雅な時間が手に入る。子どもにとってはワークショップの楽しい時間。どっちも幸せな夢のひととき。ママやってるとトイレだってダッシュだし、文化も芸術も二の次だけど、こういう機会があるとすんなりと世の中に戻っていける気がしない？余り時間でミュージアムショップを物色してカフェでコーヒー。出来すぎの時間かしら。

所 在 地／葵区紺屋町17-1 葵タワー3F
　　　　　☎273-1515
開館時間／10:00〜19:00
休 館 日／月曜日(祝日の場合は開館、翌日休館)、年末年始
駐 車 場／なし
チビッこプログラム／展覧会毎に1回実施。子ども一人につき500円。※保護者は要観覧券。2歳以上の未就学児対象で事前申し込みが必要
http://www.shizubi.jp

お願いママナー　子連れで展覧会鑑賞をするなら、迷惑かけないように頑張ろう

静岡市
こどもクリエイ
ティブタウン
ま・あ・る
0円

真剣

「ひだまりパーク」

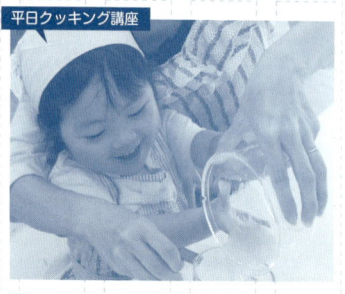

平日クッキング講座

## おチビが行くなら平日でしょー

遊んだ子 あんちゃん・れいちゃん

「まあるって面白いのは土日だよ〜小学生からでしょ〜」って教えられたのだけど、あえて平日にチビ連れで行くへそ曲がりの私。行ってみたらこれが良かった。おもちゃの取り合いがない。ゆっくり遊べる。おむつ換えの場所が近い。未就学児親子対象の平日講座があるー。ままごととなりきり遊びをしたら、次は壁一面に大きくお絵かき。家だと絶対に怒るのに、ここだと描けば描くほど褒めちゃう親心。さらなる醍醐味は片付けが体験できる事。きれ〜いに拭いて、雑巾すすいで、私が干したい！とやる気満々。いつもなら嬉しいような迷惑なような家事手伝いもここでなら大歓迎。家でも頼む勇気は…今のところ無い。

所 在 地／清水区辻1-2-1 えじりあ3・4階（清水駅前）
☎367-4320　http://maaru-ct.jp
利用時間／9:30〜17:30（最終入場17:00）
料　　金／大人は1日300円
休 館 日／水曜日
駐 車 場／なし（同ビル内有料Pあり）

お願いママナー　ビル内の駐車場は有料。のんびりするなら電車で行こう！

42

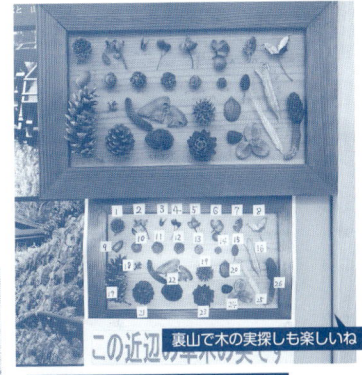

睦機
都市山村
交流センター
**安倍ごころ**
0円

裏山で木の実探しも楽しいね

展示コーナーで静岡の産物がわかるよ

安倍川に住む魚

所在地／葵区葵区牛妻2352
☎294-2501
開館時間／9:00〜17:00
休館日／月曜日(但し祝日の場合は翌日)・第4火曜日・年末年始(12/28〜1/4)
駐車場／あり

## 子ども天国が方向転換の危機!?

遊んだ子
今回はいないよ

ママなら誰でも知ってる子連れ天国の安倍ごころ。室内の遊び場で子どもを見ながら食事ができたり、バルーンバレーができたり、外では車型のおもちゃに乗ってビュンビュン走ったり、足湯もあって遊具広場もあるありがた〜い場所。でも今回はその写真は封印。なぜって「子育て支援センターと勘違いしている人がいる」から。授乳室がないとぼやいたり、おむつを捨てて帰ったり、おしゃべりに夢中で子どもそっちのけでいるらしい。このままだと常識破りのママたちの対応に追われて方向変換するしかないなんて声も。私もやっていたのかもと、胸が痛いのが本音だよ。ずっとこのまま継続して欲しいから、みんなで少しずつ気をつけてみない？私も頑張るよ。

お願いママナー　山村情報がいっぱいあるよ。子どもと一緒に見てみよう

聞きたい話 ①

## 子育て中のお母さん、はじめまして

文・このこのまごまでつみきのそのさん
代表　園田英史さん

つみきのそのさんと申します。小学6年の娘を持つ父親です。2013年の春からはじめたお店の名前が…スミマセン、長いですよ（笑）「このこのまごまでつみきのそのさん」と申します。

この子の孫まで、つまり私たちのひ孫の代まで、末長く遊べるつみき（童具館のワクブロック）を使って、子どもたちと楽しく遊ぶことを仕事にしています。

私の使うつみきは、立方体や直方体の、シンプルで着色されていない、どちらかというと地味なものが主です。

でも、基尺（寸法）が大変しっかりしているので、高く、広く、どんどんつなげていくことができるんですね。

オトナは遊ぶ環境を用意するだけ。

山、道、車、電車、家、お花畑…四角い木のカタマリが、子どもたちによって実に様々なものに見立てられていきます。

作っていたものが崩れちゃった！…崩れたって、壊れたってOK。

そんな時こそ、「自分で考える」大きなチャンス なのです。
お母さんはお子さんをやさしく見守ってあげてください。
つみきは遊び方を自分で考える「攻めの遊び」。
子どもたちは遊びながら、頭の中のイメージをカタチに変えていくという、
とても創造的な作業をしています。
この作業、ありがたいことにお金をかけなければできないということではありません。
あるもので遊ぶ、あるものに手を加えておもしろさを発見する…
子どもたちはみな、与えられた環境をフルに活用し、
創造力を開花させて遊ぶことのできる天才なのですから！
自分たちが考えて作ったオリジナルな遊びは、
お金では買うことのできないおもしろいエキスをいっぱい含んでいます。
さぁ、子どもたちと一緒に楽しく遊びましょう！
※P97〜そのさんの遊び紹介が出てるよ！

**つみきのそのさん**
1964年京都生まれ。2013年の春に「やりたいことをやるんだっ！」と、つみきあそびの出前とつみき販売のお店「このこのまごまでつみきのそのさん」を起業。つみきあそびはもちろん、魚釣りや川遊びや虫捕り等、子どもたちと一緒に遊ぶことが心の底から大好き。今年で50才になるが、家族によると精神年齢は5才（笑）　妻一人娘一人。清水区在住

ウェブアドレス／http://sonosan.jp　E-mail info@sonosan.jp

# 外のタダビバ

騒いでも怒りません

# 牛妻 不動の滝
**0円**

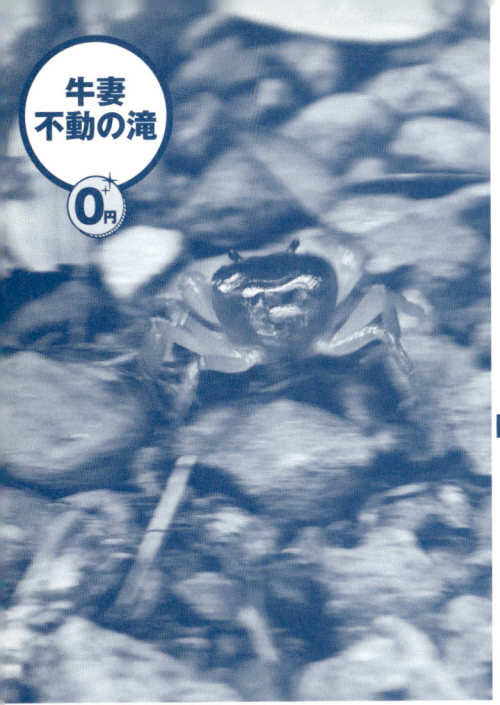

日陰が多くて夏でもすずしい

駐車場3台。熊注意？

## 赤いお宝探し！ 蟹いっぱいの山の沢

遊んだ子／とーくん・あーちゃん

沢遊び。楽しいけどママだけで連れていくのはちょっと怖い。それにどうやって遊んだらいいの？ 牛妻にある「不動の滝」は、そういう親子にピッタリの場所。奥へ延びる沢は滝までの行き止まりでウロチョロ動き回る小僧でも行方が追える。そして楽しいのは沢蟹がたくさんいるって事。目が慣れると赤い背中がすぐに見つかるようになる。宝探しみたいに「ほらそこ」「あそこ！」って自分が夢中になっちゃう。あんまり沢山いるから保育園仲間を誘って総勢48人で行った時も、子ども全員がバケツに重なる程の蟹を捕まえてた。真冬でもいるけど寒いから子どもには秘密。満月の後は美味しいって聞いたけど、それも秘密にしておこう。

後ろ！後ろにいるよ！

所在地／葵区牛妻
賤機中小学校手前に「不動の滝」看板あり
駐車場／あり

**お願いママナー** 浅いとはいえ危ない所もいっぱい。蟹に夢中になりすぎないで〜

47

## 清水港の客船見学 0円

## 君は客船に乗った事があるかい？

時々耳に挟む「大型客船が清水港に入港」のニュース。乗れるわけないし私には関係ないと思ってた。ところがどっこい乗れるんです！見学だけどね。そのまま海外旅行には行けないまでも異国の香りをクンクン味わえる。船上プールにレストラン、シアターありバーありの街のような船。船内に潜んで海外逃亡を企てる輩がいると困る！という事で見学には事前申し込みが必要。団塊世代の参戦で抽選倍率は7～10倍と高めだけど、誘致委員会が入港誘致に奮闘中だからもうすぐ当たる確率も上がるかも。選にもれたっていいじゃない。歓迎セレモニーを見るだけでも充分楽しい。日本最大の「飛鳥Ⅱ」や全長300Mの「セレブレティミレニアム」がこんな間近に見られるのも清水港ならではなんだそう。毎年10・11月頃は夜間の帆船のライトアップシーズン。夜にはロマンチックな気分に浸れそう。

48

「飛鳥Ⅱ」カッコイイ

セイル張りの訓練が見学できる事も

船内にはグランドピアノやショップがあったり

日本丸の夜間ライトアップ

海外セレブとふれあっちゃうわ

和太鼓演奏も

出港に参加するのも盛り上がる

連 絡 先 ／ 清水区旭町6-8
　　　　　　清水港客船誘致委員会事務局
　　　　　　（静岡市清水港振興課内）
入港場所 ／ 清水港日の出地区
　　　　　　清水マリンターミナル付近
申し込み方法 ／ 清水港客船誘致委員会のHPを参照
　　　　　　http://www.shimizu-port.jp

お願いママママナー　乗船見学の応募は残念ながら2名まで。兄弟をこっそり乗せたらダメだよ

49

## おもちゃやフワフワなど
## 何かとお得が多い場所

遊んだ子
ひーくん・こーくん

　家を建てる人が行く場所なんじゃないの？っと思っていたSBSマイホームセンター。たまには子どもを夢見がちにしようかと連れていったら、想像以上のはしゃぎぶり。着いた早々パンダの着ぐるみを見つけたこーくんは、何度もハグしてもらってゴキゲン。隣のモデルハウスではクジ引きをやってるし、行く先々にポップコーンやお菓子があって、住宅見学をしたらおもちゃをもらっちゃった。毎週日曜・祝日は「わくわくサンデー」でフワフワとキッズランドで遊べちゃう。意外と空いてるのも嬉しい。休憩コーナーもあって、好きな本を持ち帰る事もできる。フリマは、子育て世代の出店者が多いから欲しいものを見つけやすいよ。本気で家を建てたい人は、託児ルームを使って〜。無料で2時間まで可能。

構造展示も子どもにはおもちゃ

えっ！くれるの？ どれにしよう〜

営業のお兄さんが乗っていいって〜

フワフワは3〜10歳まで。空いてる〜

ミニ公園みたいなキッズランド。小さい子向き

絵本リサイクルコーナー

もらったよ〜

連絡先 ／ 静岡展示場／駿河区桃園町1-1
　　　　　静岡東展示場・SBSリフォームプラザ静岡／
　　　　　清水区堀込430
定休日 ／ 第1・3火曜・水曜
営業時間 ／ 10:00〜17:00
　　　　　（日祝のわくわくサンデーは16時まで）
　　　　　フリーマーケットは15:00まで
駐車場 ／ あり

お願いマママナー　住宅会社のアンケートには真摯に答えよう！

静清浄化センター屋上公園 0円

## 海が見える空中庭園

遊んだ子　ゆーくん・なっちゃん

「静清浄化センター」の屋上多目的広場はとても広い。芝生が広がって花が咲いて、海風が吹いて、噴水が小さな水しぶきをあげている。あ～すばらしき開放感。駿河湾がすぐ横で車が走ってるのを忘れる景色。駿河湾が目の前にあって船だって見えちゃうんだから素敵だね。海側には屋根付きのベンチもあるのよ。カモメを見ながらお昼を食べたらセレブの気分になるかしら？　木製アスレチックに加えて、健康遊歩道、腹筋台、平均台などラットコアも色々。大きな日陰の下には円形ベンチがあって、子どもがどっちに行っても座りながら見ていられるのがゆとり感。広場に入る手前の建物正面には、もう1つの健康遊歩道があって、その横には下水道設備の大きな現物展示もあるの。カメラマン目線で言うなら「撮影スポットがいっぱい公園」。晴れた日には富士山をバックに「THE静岡」写真を撮るのもいいかもしれないわ。

おおっ船だ

貸し切り状態

健康遊具がいろいろ

長いスロープがちょっとキツイ

可愛い顔しても、水には入れないよ

わ——海だ〜

所　在　地／清水区清開1丁目1-1　☎336-3810
利用時間／8：30〜17：00
休　園　日／なし・メンテナンス等の休園あり
駐　車　場／あり

ゴロゴロ

お願いマママナー　駐車場は道の向こうのイルカが目印。渡る時には気をつけて

## 今宮公園

**0円**

## 誰かに教えたくなる 住宅地の穴場公園

遊んだ子
ゆいちゃん・ひーくん　他色々

安倍街道を北に進んで、鯨ヶ池を右に曲がり、トンネル出たら2つ目の道を左折。本当にこの道でいいのか？と疑う坂道をグングン下ると、住宅街の中にいきなり出現する「今宮公園」。えっ？ なぜここにこんなに大きな公園が？ と思う程充実している。ホッピングとかバランスとか、あまり見かけない遊具がたくさん。ターザンロープもローラーすべり台もあるし、池もある。東屋もベンチも多い。ボール遊びができる自由広場もある。なのに…結構空いてる。これ重要。ベンチキープも机キープも不要。遊具の取り合いもなし。開放感最高！ 私ったら知らないママに喋りかけたりして、久しぶりに浮かれたな。楽しいから友達家族を誘って行ったら、翌週その家族がまた会った。別のママに教えたら自力で行って穴場感に感動してた。でしょーでしょ！ いいでしょー。ついつい誰かに教えたくなっちゃう公園。

ロープ渡りもついてる複合遊具

アトラクションに見えなくもないぞ

ターザンロープは低めで安心

公園は3段になってる。ここは2段目の芝生広場

私には上れなかったプチクライミング

自由広場につながるウッドデッキ

所 在 地／葵区北2126-1 公園整備課
　　　　　☎221-1121
駐 車 場／なし

お願いママさんマナー　悲しいかな駐車場がないけど、駐車禁止の場所は少ない。近所迷惑にならない場所に停めよう

## 静岡縣護國神社

## 池あり鶏あり銀杏あり！の鎮守の杜

遊んだ子
たいくん・さくちゃん
他色々

夏に行った時、境内をちょっと歩いたら大きなカマキリを3匹も見つけてしまった。バッタはもっと沢山。興味もないのにうっかり捕まえるところだった。天然記念物の小国鶏はいつだって放し飼い。神様の前で鶏に意地悪する子っていないのかも。池の周りにはスコップですくえる程のドングリが。鴨もいるし時には亀も顔を出す。朽ちた木をどけたらプリプリの幼虫がゴロゴロしてた。「自然のカブトムシは力が強いんだー。」って、持って帰るってせがむせに、誰も触れないじゃないか！ 11月には銀杏の実も拾える。こちらは臭い臭いと子どもに不人気だった。大人は嬉しいんだけどな〜。フリマや蚤の市も多いし「絵馬づくり」「メダカの放流」「七夕飾り作り」などなど、無料の催しも色々あるんだって。正月参りだけなんてもったいない。今度はお弁当もって遊びに行こう。

池は思いがけず広い

棒で触ったら可哀想でしょ

小国鶏はけっこう大きくてビビる

メダカのおみやげ付き「メダカの放流」

銀杏みつけた！抜け殻は並べないで

ついでに作法も覚えてください

所 在 地 ／ 葵区柚木366　☎261-0435
駐 車 場 ／ あり
その他 ／ 催事の募集はホームページに掲載

「七夕飾り作り」の笹は持ち帰りができる

お願いマママナー　神様にお礼を言って帰ろう

# 聞きたい話 ②

# 自然遊びのすすめ

文・エコエデュ 副理事長 日向崇紹

子どもたちにとっての自然遊びは、これから生きていくこの世界と、子ども自身がつながるチャンスに満ち溢れています。

その瞬間から子どもたちの「宝物」になります。
自分で感動したり不思議だと感じたものは、

実はこの「自分だけの宝物」を見つけられるのはママも同じなのです。

自分の子どもは、野外や公園で十分に遊べる年齢には達していないと感じている方もいるかもしれません。

でも、自然の美しさをママ自身が感じ、リフレッシュすることで、子どもはママが見たものや感じたものを分かち合っています。

やがて子どもたちが十分に遊べるようになってくると、

洗濯しようと思ったらズボンの中からダンゴムシやドングリが沢山出てきてびっくりした！とか、

ずっと座りこんでひたすら穴を掘って遊んでいるけど、なにが楽しいのかな？とか、

水たまりの中でずっと遊んで長靴の中までビッショビショ！

いま寒い冬なんだけど～とか……ママたちのこんな話をよく耳にします。

実は子どもたちがこんな風に夢中になっている時こそ、大人の関わりが大切になります。

関わるといっても、自由な発想で広がっていく子どもの自然遊びに

58

## エコエデュ しずおか環境教育研究会

まなざしを向けるだけでよいのです。
そして、野外での「ワクワク」と「安全」のバランス感覚を大人たちがもっと。
遊びを通して世界が子どもの一部になっていく様子を一緒に感じ、
また、子どもと一緒になって
感性を揺さぶられながら成長することができたら素敵ですね。

特に小学校低学年以下の低年齢層を対象とした活動に重点が置かれており、子育てのニーズを柔軟に反映させた、多くの環境教育を展開している。
乳児と母親を対象とした里山散策から、0～3才の未就学児の親子が予約なしで気軽に参加できる週3回の里山体験、3才児を対象とした週3回の預り野外保育などのほか、子どもの成長段階と具体的な各子育てシーンを想定した、大きく13パターンの環境教育メニューを揃える。

住　　所／静岡市駿河区谷田1170-2
開所時間／平日9:00～18:00
連　絡　先／TEL:054-263-2866
　　　　　　FAX:054-263-2867
Webアドレス／http://www.ecoedu.or.jp/

遠い…と言っても静岡市

# 遠出のタダビバ

## 由比入山親水公園 0円

下見て。まだ1段目だよ

ハイジのブランコみたい？

ローラー滑り台も

所在地／清水区由比入山1960-1
　　　　静岡市都市計画事務所
　　　　☎354-2272
駐車場／あり

## 川遊びにアスレチックのおまけ付き

盛大に鯉のぼりが舞う「入山親水公園ふれあいまつり」に行った時、こんなに整備された川があるんだな〜と嬉しくなった公園。流れには深い所も浅い所もあって、人工的に中洲も設けられている。川へは階段上の段々になっていて入りやすく、川遊び初心者のちびっ子にも優しい作り。ゆるやかに続く川沿いに、アスレチックや健康遊具があって、お弁当を広げるテーブルベンチもあるから、1日遊ぶつもりで、朝から出かけるのにぴったりの場所。うっかり夏に写真が撮れなくて、寒い日の撮影になってしまったけど、吊り輪やローラー滑り台で遊んだだけでも充分楽しそうだった。由比駅から車で約10分。入山保育園を目印に。

遊んだ子　しんくん・そのちゃん

お願いママナー　夏は川の事故もいっぱい。深い所も多いから肝に銘じて遊ぼう

陣笠山公園
ローラー
スライダー
0円

## 連続ヘアピンカーブに子どもの叫びが止まらない

遊んだ子
らんちゃん・すーちゃん他色々

あるのはローラースライダーのみ！それだけで何度も行っちゃう面白さがあるのが陣笠山公園。なんてったってヘアピンカーブが5つもある。見上げるような階段を見ると、上るのがぞっとするけど、一番上まで行かなくても充分楽しいから安心して。途中の45段だけ上れば、3連チャンのヘアピンカーブが楽しめる。120M以上の全長の中でもこの区間が一番面白い。ゆーくんは13回も滑ってた。駐車場に車を停めてたら、山からキャーキャーと叫び声が聞こえてきて笑っちゃったよ。猿が啼いてるみたかった。滑りながら駿河湾が見えるのだけど、これがまた怖さに一役かってるんだよね。ゆっくり海が見たい時は山頂の展望台へどうぞ。一番長い距離にトライできる。公園までは場所がわかりにくいから由比小学校を頼りに車を進めて。駅から歩くのはちょっと厳しい。お尻の痛さは覚悟して。

45段だけ頑張って

展望台は桜のお花見スポット

木や葉っぱがいっぱいなのも怖さの秘密？

一番下にベンチがある

スリル満点

13回目は笑顔で余裕

所 在 地／清水区由比町屋原322-1
　　　　　静岡市都市計画事務所　☎354-2272
駐 車 場／あり

※このページはママ特派員が撮影してくれました！
　しんくんママ達、大勢で行っても楽しくて良かった。

長いからゴールは団子状態

お願いマママナー　駐車場は公園の上がり口近くにあるよ。路上駐車はやめよう

63

## 清水森林公園 やすらぎの森

**0円**

ウッドピラミッドもある

吊り橋最高

夏に来たかったー

## ボードウォークを歩くのが何とも気持ちイイ

「やすらぎの森」と言ってもわからなくても「やませみの湯」というとわかるかな？興津の奥にあって無料キャンプ場も川もある盛り沢山な森林公園。でもキャンプや川遊びはパパの居る時がいいかな。ママ達だけで楽しむならボードウォークを歩くのがオススメ。段差が少ないからおチビも転びにくい。気楽な割に木製遊具・滝・吊り橋などのプチアドベンチャーがあって、リフレッシュできる。公園内でごはんを買って竹林でのんびり。食事処も温泉もある。それから、田舎がいいのは子連れが歓迎される事。朴葉もちを食べ、蕨の餃のじいちゃんばあちゃんに「可愛いね〜」って言われると子育ての苦労が報われる。一瞬でもさ、たまにはいいよ、そういう気分。

遊んだ子
あっちゃん・なっちゃん

所 在 地／静岡市清水区西里1310-1
　　　　　静岡市清水森林公園管理センター
　　　　　☎395-2999
主な施設の／月曜日（祝日の場合は翌日）・
休　　　日　年末年始（12/29〜1/5）
駐 車 場／あり

※このページは「ママ特派員」が撮影してくれました！
　信頼のしっかりママ、えのもっちゃん。
　ありがとー。

お願いマママナー　着替え持参で〜　土まみれでも許してあげようじゃないか

64

## 西里キャンプ適地 0円

写ってないけど飛び込める岩がある

水道とトイレ。夏にはわりとキレイです！

目印はこの看板

所 在 地／清水区西里(黒川キャンプ場の下流)
　　　　　静岡市スポーツ振興課
　　　　　☎221-1071
駐 車 場／あり

※このページは「ママ特派員」が撮影してくれました！
　えみ&じゅんママ達、女児ママの貴重な意見をありがとー。

## 興津川沿いの自由な「適地」

遊んだ子　みーちゃん・はーちゃん

あくまでも「適地」。設備が完璧な訳ではない。でも車も停めやすいし、水道もあってトイレもある。そして何より自由がある！夏に行き損ねた私の代わりに、友達ママが撮影に行ってくれた。雨の中バーベキューまでやっただけにリアルな意見が聞けて良かった。「運転歴浅めだけど市内から50分で楽に行けた。トイレは水洗だけどキレイじゃない！日陰がないからテントがいる。自然が満喫できてうるさい子どもにガミガミせずに楽しかった。やませみの湯までは車で5分。座敷の休憩室もあるし、温泉まで入って安上がりで気持ち良かった。今度は夏に行きたい」との事。本当にこのままの場所。いいじゃない「適地」だもの。

お願いママナー　自由には危険がつきもの。自然遊びなのを忘れないで

## 林間スライダーと
## キッズルーム付のバイキング！

御殿山とレストラン・オーリオ

遊んだ子
ひーくん・こーくん

　御殿山と言えば桜。それもそうだけど、普段でも充分楽しい場所なのよ。山の中を「ホントにまだ…まだ車で行けるの!?」って思いながら山頂まで走ると狼煙台のある大きな芝生広場が広がっている。物見台からの眺めは絶景。山道には「林間アスレチック」が！…林間学校じゃなくて、林間のローラースライダー。杉の間を滑走する珍しいタイプ。御殿山広場まで降りると、足元から延びる急な滑り台があったり、望遠鏡があったりで結構遊べる。せっかく蒲原に来たんだからついでに「オーリオ」に寄ってみて。キッズスペースがあってリーズナブルなレストラン。がっつりしたメイン1品に、飲み食べ放題のバイキングと、ケーキが付いて1280円（2014年3月時）。昼も夜も同じ料金なのよ〜。ソフトクリームがあるから子どものテンションもMAX。遊んでお腹を減らして行くか、食べてから自分も動こうか、悩むところ。

物見台から町と海が一望

滑り台からの景色が良すぎて怖い

これが「林間アスレチック」だ!

子連れでも気兼ねないのがありがたいオーリオ

バイキングは野菜系が多くて嬉しい

望遠鏡も無料

大きなトイレがちゃんとある

● 御殿山
所 在 地 ／ 清水区蒲原天王町地区 御殿山広場
　　　　　☎385-7730(静岡市清水区役所蒲原支所)

● レストラン・オーリオ
所 在 地 ／ 清水区蒲原新田1丁目15-23
　　　　　／ ☎389-0202
定 休 日 ／ 無休・年末年始は休業
営業時間 ／ 11:00〜15:00　17:00〜22:00
駐 車 場 ／ あり

お願いママナー　公園はちょっと荒れ気味。汚れてもいい格好で出かけよう

## ママの場

> ママだって楽しみたいわ

## ママの吹奏楽サークル リトモべべ

私も吹くわよ

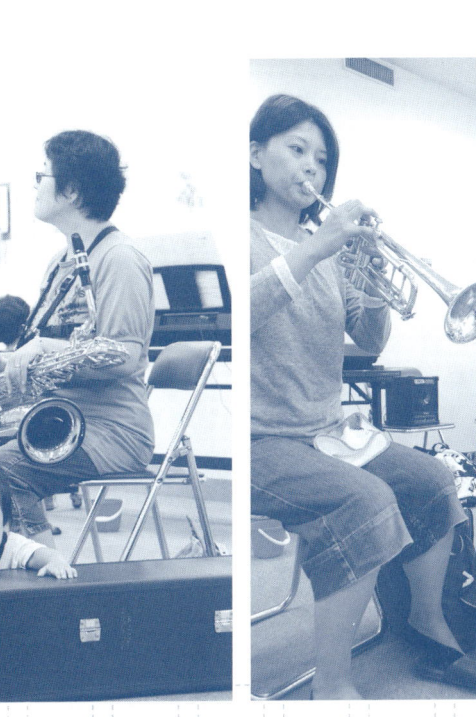

ママは「あまちゃん」練習中

## 子どもちょろちょろ ママプップー

練習中の室内はオチビ達がちょろちょろバタバタ。「迷惑だから」と気遣う様な状況でも全員がママだから大丈夫！ 毎回来られなくても、ブランクがあっても、できる範囲で楽しく演奏するのがリトモべべの信条。今はミニコンサートの依頼を受けて集中練習中。楽器の眠っているママ！いつでも募集中。

| 活動内容 | 毎月第2・4木曜の10時〜12時に北部生涯学習センターで練習。費用は毎月500円。 |
| --- | --- |
| 駐車場 | あり |
| 連絡先 | 090-5008-6839 有村さん。またはフェイスブックで「ママブラス Ritmo bebe」を検索 |

子育て応援サークル
NPO法人
よしよし

代表の末吉さんと5人目!のひなたちゃん

毎月開催「リズミンの会」は500円

## 名前に「子育て応援」がついてるママの味方

「よしよし」は、まだママサークルが始どなかった時代にママ目線で始まったサークル。2012年にNPOになり「痒い所に手が届く」ママ応援企画を定期的に開催中。0歳ベビマ、1〜3歳リズムコミュニケーション、ママピラティス、パパの料理や運動の会など、リーズナブルなプログラムが週2〜4回も! 平日企画も多いよ。

活動内容／月間スケジュールなどはHPを参照に。
http://www.yoshiyoshi-bm.com
「パパと遊ぼう」「救急法講座」など不定期のイベントも掲載。会員（無料）になると参加募集の情報がメールで届く。
個人や団体の賛助会員（3000円）も募集中。心意気のある会社探してます!

> ハンドメイド
> 子ども服
> **西川絵津子さん**

自分で写真を撮って、ネットで販売

家族団らん中はミシンを出さないようにしてるんです

連絡先／連絡はブログから。
http://lifeisdream2.blog.fc2.com
ママに人気の「多重ガーゼ」シリーズは
あみ助産院(P76の寄稿参照)でも販売中

## ママになって始めた趣味がプチワークになっちゃった

「もともと裁縫は苦手。ネットで手作り服の購入にハマったのがきっかけで、自分もミシンを始めました」という西川さんは、子育ての延長でプチワークを始めたという。羨ましい存在。今では職業用ミシンを駆使して、縫製が難しい伸縮生地を使った子ども服もお手の物。「子どもがいるからこそ」できることとってちょっと得した気分。

# アイセル21 静岡市女性会館

子ども室は託児の他、自分たちで借りて使う事もできる

平日昼間の講座が多い

## 息抜きから真面目な講座まで ママ本位の一時保育付きも

ママだって悩みがあるのよ！って叫んじゃうのは私だけ？そんな気持ちを汲むのが「女性会館」の講座。カウンセラーとおしゃべり「子育てママのモヤモヤ」や、離婚後の仕事と暮らし「子連れで再出発」などちょっと重めなものもいろいろ。一時保育もついて参加費無料。赤ちゃんと参加する楽しい講座も沢山あるからご安心を。

| 募　　集 | 「元祖 カジダン・イクメンフォトコンテスト」作品募集。カジダン（家事に積極的な男性）やイクメン（育児を楽しむメンズ）を撮影した写真を募集中。応募締切2014年4月30日必着。詳細は女性会館HPまで |
|---|---|
| 所 在 地 | 葵区東草深町3-18　☎248-7330 |
| 開館時間 | 9:00〜21:30 |
| 休 館 日 | 毎月第2・4月曜と年末年始（12/28〜1/4） |
| 駐 車 場 | あり |

72

静岡県
男女共同参画
センター
**あざれあ**

男の子も「台所セット」に夢中

## こどもの部屋と図書室があるって知ってる?

託児付セミナー時に使われる「こどもの部屋」。朝9時頃過ぎに電話して空いていれば1歳半～未就学児がママと一緒に遊べるんだって! ドイツ製キッチンセットなどのおもちゃがいっぱい。図書室にはママ向きの本や雑誌や絵本、漫画、DVDがあって明るい雰囲気。子育ての悩みなどを打ちあけられる女性専用電話相談窓口もあるよ。

メルマガ「プチ・エポカ」に登録すると、こどもの部屋の開放日などお知らせが届く

| 所 在 地 | / 駿河区馬渕1丁目17-1　☎250-8147 |
|---|---|
| 開館時間 | / 月～土9:00～21:00<br>日・祝9:00～17:00 |
| 休 館 日 | / 第1、3、5日曜・夏季(8/13～15)<br>年末年始(12/27～1/5) |
| 駐 車 場 | / 講座などでの駐車は不可。相談事や乳幼児連れの場合は問い合わせを |

http://www.azarea-navi.jp
女性専用電話相談窓口(☎054-272-7879)

73

しずおか
ジョブ
ステーション

「マネーセミナー」で130万円の壁を勉強中

ママのおしごと応援フェア

背中のシールは「呼び名シール」。
名前で呼ばれてすっかり仲良し

## 働きたいママに、無料づくしで就業相談

就業相談もセミナーも適性診断も、全部が無料の「マザーズジョブ相談」。もちろん無料の託児付き。相談だけでも子どもを預けられるなら、本気で就活に向き合えそうじゃない？託児室の専門スタッフが優しくて「帰りたくない！」なんて泣いてる子も。事前予約を忘れずに。

所 在 地 ／ 駿河区南町14-1 水の森ビル3F
　　　　　　中部県民生活センター内
　　　　　　☎284-0027(沼津・浜松にもあり)
利用時間 ／ 9:00〜17:00
休 館 日 ／ 土日祝と年末年始
駐 車 場 ／ なし

74

# ココで検索　自分で探すおでかけ情報

### ❶「アットエス」のおでかけイベント　http://www.at-s.com

細かい地域指定と日付で探せる。豆まき特集やイチゴ狩り特集など行事の特集も。使えるクーポンが多いのも特徴。

### ❷「静岡市役所」のフェイスブック　https://www.facebook.com/koho.shizuokacity

「いいね!」をクリックするとホーム画面にイベント情報が配信される。近々の情報が届くのが嬉しい。

### ❸「静岡商工会議所」のイベント・まつりカレンダー　http://www.shizuoka-cci.or.jp

幅広いイベントが大小問わず掲載。思いがけない情報も。

### ❹「静岡観光コンベンション協会」のイベント・まつり　http://www.shizuoka-cvb.or.jp

市内と県内の情報が分かれて掲載。トピックスには、レンタサイクルやロープウェイ運休などの情報も。

### ❺「静鉄レールウェイ」の静鉄沿線施設催事カレンダー　http://train.shizutetsu.co.jp

静岡鉄道沿線のイベントを掲載。電車・バスでの移動方法が出ているので、車を使わないママに便利。

### ❻「静岡市の児童館」の児童館だより　http://shizuoka-jidokan.jp

市内の児童館の講座・イベント情報。リトミックや工作などの平日情報も多い。

### ❼「静岡市生涯学習センター」の講座情報　http://sgc.shizuokacity.jp

市内11館の講座やイベントをジャンルと館ごとに絞って検索できる。探検や実験など子ども心をくすぐる講座も。

### ❽「静岡市中央子育て支援センター」の子育てサロンイベント情報　http://shizu-kosodate.com

リユース会やベビーヨガ、夏の水遊びなど、主に乳児向けのイベントを掲載。

### ❾「静岡市子育て応援総合サイト ちゃむ」　http://www.chum-shizuoka.jp

子育てサークル主催の細かいイベントも掲載され乳児のママに便利。サークルの具体的な活動がわかる。

### ❿「子育てサークルネットしずおか こねっと」のイベント情報　http://co-net-shizuoka.jp

パパを巻き込んだ企画や一時保育付きのものなどツボを押さえた情報が多い。企業ものの掲載も。

聞きたい話 ③

# 欲ばりなママたちへ

文・あみ助産院 近藤亜美さん

胸が苦しくなるくらいに愛おしい男性の子を生むと決めた時、妊娠・出産はその女性の人生に大きな影響を与えます。

妊娠中に覚悟していた生活も、出産したら育児は待ったなし！赤ちゃんを抱っこしたのは我が子が初めて、というママも多いのでは？育児は休めないし、終わらないし、未体験のことばかりで不安もいっぱいです。やるコトいっぱい!!

赤ちゃんという我が子が相手ですから、途中で投げ出すことはできません。どうしてあげることが赤ちゃんにとって一番良い事なのか、手探りの連続です。思い通りにできないことでイライラすることもあるでしょう。

今どきママはがんばり屋さんが多いのです。

育児は上手くやりたい。お出かけもいっぱいしたい。ママ友作らなきゃ。子どもをかわいらしくキメたいし、自分だってキレイなママでいたい。

毎日の小さな積み重ねが生活そのもの。押し寄せてくる用事を段取りよくこなすこと。コミュニケーションがうまくとれない人の気持ちを読み、お世話をすること。

それがママ達をたくましく成長させてくれます。

子育ては自分育て。十年後の貴女がもっと輝いていますように…。がんばりすぎて疲れないでね、一人で抱え込み過ぎないでね、時には誰かとおしゃべりしてね。相談してね。いつも応援しています。

## NPO法人 バディプロジェクト

マタニティ期〜赤ちゃん期のママ達を身近な地域でサポートしたいという思いから立ち上げた団体です。
現代の社会では、育児の不安や悩みをママ一人で抱え込みがちですが、そばに寄り添う人材を育成すること、広く情報提供を行うことで、親子がしっかり絆を結ぶための活動を目指しています。
スタッフの多くは、乳幼児を抱えた子育て中のママ達です。
現在も進行中の育児体験から、ママ同士の支え合いの必要性や重要性を感じ、「ママからママへの子育て支援の輪を広げたい」という思いで活動しています。

http://mamabuddy.com/

妊産婦さんのために、母乳育児相談およびマッサージ、妊婦健康相談、育児相談、ベビーマッサージ(グループ制)などを行っています。全て完全予約制です。タッピングタッチインストラクター。産後のお母さんが安心して育児ができるようにサポートします。料金は、お電話でご確認ください。

住　　所／静岡市葵区大岩1−4−30
ウェブアドレス／http://www4.tokai.or.jp/ami/
連 絡 先／054-247-1423（電話のみ）
定 休 日／不定期
駐 車 場／2台
営業時間／基本9:30〜18:00

※困った時はいつでもお電話でご相談ください。状態によっては、時間外・日祭日でも対応します。

## 月に一度は イベントタダビバ

## 南沼上遊水池の柴揚げ漁

**0円**

熱燗！あればおかわりもできる♪

**1月** 中旬の日曜日

## 伝統漁法の見学とふるまいすぎる料理

南沼上遊水池に住む魚の水槽展示

忘れずに受付してふるまい券をもらおう

南沼上遊水池で行われていた伝統「柴揚げ漁」。舟に乗ったまま、右往左往してすだれを沈め、囲ったところをタモで魚をすくう姿を、目の前で見ることができる。フナや小魚が捕れると拍手がおこり、みんなで舟に群がって漁果を確認。なんとも和やかなムードのイベント。小1時間で漁が終わるとお待ちかねのふるまい料理。焚き火で炙った焼き鮒・焼き鮎に、柔らかい身の鮒汁やらおでんやら甘酒やら。竹筒を焚き火で温めたたっぷりの日本酒が飲めちゃうのがすばらしい！ 普段あまり飲みに出れないママが昼からお酒を飲める珍しい機会。ゴザ敷きの青空の下、子連れでちょいと一杯〜。柴揚げ漁最高！

問い合わせ／南沼上柴揚げ漁保存会　☎261-3981（平岡）
開催場所／南沼上遊水池第3工区内。静岡ヘリポート西側を入る
時　　間／9:30〜昼頃まで

## 節分祭あれこれ

**0円**

心光院の裏山で宝探し

あんこやきな粉のホカホカつきたて餅

別雷神社は青葉交番の向え

**2月**
節分の日前後の土日

# 豆を拾うだけじゃない!
# 宝探しあり落語ありの節分ラリー

血が騒ぐ節分祭の3箇所をご紹介。「心光院」では、子どもと一緒に読経を聞いた後、豆まきと搗きたて餅がふるまわれ、宝探しが行われる。子どもたちは、よーいどんで裏山にダッシュ。草むらに隠された赤い紙をみつけたらお菓子と交換してくれる。「平澤寺」では恒例で柳家花緑師匠の独演会が聞ける。若い花緑さんらしい軽快な話し方だから落語初心者ママでも面白い(子どもはちょっと無理かも)。しずはた遊鼓会の縁起のいい和太鼓も披露。シールがついた豆を拾えたらサイン色紙や縁起ものがもらえる。節分ラリー、夜の部は別雷神社の夕方の豆まき。ライトを頼りに右往左往。今年の福を持ち帰ろう。

平 澤 寺／駿河区平沢50　☎261-6312
心 光 院／駿河区手越203　☎259-5083
別雷神社／葵区七間町14-6　☎253-0629

## 東光寺の子供坐禅会 0円

小坊主さんのハンコがなんとも可愛い

**3月** 春休み期間及び、夏冬休み

## 子どもと一緒に朝一番のすっきり座禅

お茶も茶菓子も配って廻るのは子ども

カツを入れてもらうのは希望者だけ。ビビらなくてOK

小学生の息子がぜんぜん言うことを聞かなくて、寺修行でもさせたい!と思ったら、本当に坐禅会があった。10分を2回の短め子どもコース。腹式呼吸でヒトーツ、フターツと数える内に、あら不思議イライラが晴れてくる。ふりがな付きのお経を読んで、足を伸ばしたらお茶の時間。まんじゅうを食べて聞く和尚さんの「お寺ウンチク」は大人が聞いても面白い。嫌がるはずが真面目にやって「また来たい!」なんて言い出した。4回行くともらえる座禅手帳は「もう3冊目」なんていう女の子も。あ〜すばらしき爽快感。春休みだけやなく、夏・冬休みにも連日開催。早起きして通おうかしら。

所 在 地／清水区横砂本町20-31 ☎364-6868
時　　間／7:30開始〜8:30頃終了
申し込み／予約不要・年中さん以上なら大人でも参加可能
駐 車 場／あり
　http://www.h3.dion.ne.jp/~tokoji/

# 日立まつり

日立アプライアンス株式会社

**日立まつり 0円**

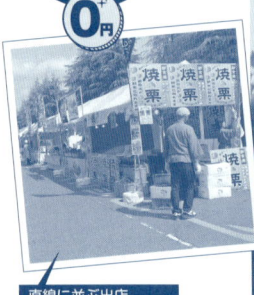

直線に並ぶ出店

大人も乗せて欲しいミニカート

当選おめでとう！

**4月 中旬の日曜日**

## ヒーローやお笑いショーが満載。ミニカートや出店も

日立アプライアンス清水事業所で例年行われる祭で、ステージショーが面白い。1日2回のヒーローショーに、静岡では以外と珍しい芸人のお笑いライブや次郎長道中の熱演、ブラスバンドにダンスショーなど、毎年様々なステージで賑わう。敷地内には出店がずらっと並ぶから、たこ焼きを買ったりスーパーボールしたり、よりどりみどり。ミニSLやミニカーカーは人気だから並ぶのを覚悟して。お楽しみ抽選会では日立製の豪華賞品が当たっちゃう！特賞はエアコン〜。近くに駐車場はないけど、臨時駐車場から無料シャトルバスが出てるよ。日陰がないから帽子を忘れずに。初夏の日差しはママにはキツいぜ。

---

所　在　地／清水区村松390　☎334-2081
時　　　間／10:00〜15:00
駐　車　場／IAIスタジアム駐車場からシャトルバスで送迎
　※開催日時の詳細は、4月に入ってから清水区内の朝刊折り込みにてお知らせ。

82

## タミヤオープンハウス 0円

### 5月 中旬の土日

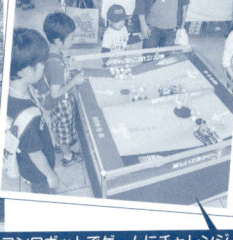

## せっかく静岡なんだもん。この日を狙ってタミヤへゴー!

リモコンロボットでゲームにチャレンジ

本館のミニ四駆走行コース

いつでも無料の「タミヤサーキット」

静岡ホビーショーに合わせてタミヤ本社のあちこちを使って行われるイベント。人形改造コンテストの作品展や、プラモデルが出来る様子を間近でみられる金型工業見学、プラバン工作、ロボクラフトなど、子どもにも面白い催しが色々。RCカー体験操縦やミニ四駆の走行、限定グッズやアウトレット商品もあって、食堂開放や授乳室があるなんて気が利いてる〜。とこ ろでママに朗報。誰でも無料で使える「タミヤサーキット」って知ってる? 電動RCカーの専用サーキットなんだけど、土日祝にはスタッフがいるから色々聞けるよ。RCって何? なんてママにオススメ。

問い合わせ／株式会社タミヤ ☎286-5106
開催場所／タミヤ本社 駿河区恩田原3-7
時　　間／9:00〜16:30
駐車場／あり
※詳細はタミヤホームページをご覧ください。

タミヤサーキット／駿河区池田624-1
時間・定休／9:00〜16:00(土日祝は17時まで) 火曜日
問い合わせ／タミヤグランプリ係
☎283-0002

# 三菱電機 サンサンフェスタ

**0円**

出店も割安感いっぱい

スタンプラリーを廻ると遊べる広場

ヒーローショーは激混み

## 5月 下旬の土日の2日間

## ミニSLが7〜8台！水上キッズボートやふわふわ遊具など遊びきれない2日間

毎年5月になると待ち遠しくてソワソワするのがこの祭。満載すぎてがっつり2日間通ってしまう。えっ？これも無料なの?!っていう遊びがいっぱい。たくさんのふわふわ、ロードトレインにミニSL、大画面シアターに、キッズランドに体感ラボ。エコ工作にバルーンアートに、防災教室、工場見学。おまけに大人気のヒーローショー。まだまだあるのに書ききれない。これが全部無料！小遣い持参で、ヤマメの掴み取りやバザー、レストラン、出店に行くのも楽しい。ウェブ情報が探しにくいから頼りになるのは新聞折込。そのまま抽選券になってるよ。冷蔵庫が当たらなくてもジュースがもらえるから大事にしてね〜。

所 在 地／駿河区小鹿3丁目18-1　☎285-1111
時　　間／土日とも10:00〜16:00
駐 車 場／あり　静岡駅南口より無料シャトルバス運行
※開催日時の詳細は、5月に入ってから小鹿周辺の朝刊折り込みにてお知らせ。

## 中島浄化センターホタル観賞会 0円

### 5〜6月
### チラリホラリのホタルの光。子どもと一緒に夜散歩

ビオトープ沿いをそぞろ歩く

ホタルの育成小屋内も見学できる

紅葉山庭園の光の演出「いのり星」

めっきり見る機会がないホタルを見られると聞いて、初めて行った観賞会。会場には人・人・人。覚悟してビオトープに入ったら確かに人は多いけど、暗闇のせいかあまり気にならなかった。それにホタルが本当にきれい。光がふんわり浮く度にあっちやこっちで小さい歓声があがる。そ〜っと手のひらに包んだりして、ロマンチックな気分になれちゃう。施設入口の水槽にはザリガニや小魚がいっぱい。さっきまでのムードはどこへ〜。子ども達は群がってザリガニと格闘中。

駿府城公園内の紅葉山庭園でも例年「大御所家康公ほたるの集い」を開催。こちらは街中らしく光の演出も。

中島浄化センターホタル観賞会／
　　駿河区中島1711-1　☎285-3469
大御所家康公ほたるの集い／
　　駿府公園内紅葉山庭園　静岡市清流の都創造課　☎221-1319

85

**静岡流通センター夏祭り 0円**

出店は昼も夜もやってる

盛りだくさんでお得なステージ

**8月 下旬の日曜日**

## 昼はステージ 夜は手筒花火 大盤振る舞いの大祭り

静岡流通センターの敷地内で行われる夏祭り。ステージでは「あげちゃいます」「特選食材めちゃ安即売会」のお得なショーがいっぱい。チアリーディングや和太鼓、ヒーローショーなど、休む間もなく続き、夜になればなったで今度は「郷島手筒花火」。混んでいるけど、探せばどこかに座れる位。すぐ目の前に大きな手筒を抱えた若い衆が現れるやいなや、手筒に点火してズドン！ 大きな音で花火から火の粉がさんさんと振りそそぐ。お兄さんの頭にも身体にも火の粉火の粉。スゲー！ こえー！ カッコイイ〜、と子ども大人も大興奮。こんなに迫力あるものだとはびっくり！ 駐車場がたくさんあるのも嬉しい。

---

問い合わせ／静岡流通センター ☎263-2000
開催場所／葵区流通センター2-1 Bブロック
開催時間／14:00〜20:30
駐車場／あり

## 草薙龍勢花火大会 0円

**9月** 中旬の日曜日

## 戦国時代から続く昼間のロケット花火祭り

18時〜は星形の流星花火

正午の木遣り道中で祭りが始まる

船越堤公園で遊びながら見るのも楽しい

昼間の明るい空にシュルシュル〜っと上がるロケット花火。国内に3箇所しかない珍しい花火の祭りがこの「草薙龍勢花火大会」。起源は戦国時代ののろしだとか。地上300mの空で開く姿は赤青緑黄にピンクと色とりどりでとってもカラフル。時々パラシュートが風に乗って飛んでいくのが見えるところが面白い。雷鳴花火のドーンという大きな音を合図にしてほぼ10分ごとに14:45〜17:00まで続く。駐車場探しが難しいけど、静鉄草薙駅から10分間隔で往復の無料シャトルバスが出ているから大丈夫。法被姿の若い衆にまぎれながら屋台でとうもろこしや綿菓子を買って食べ歩き。近くて知らない貴重な祭りに行ってみよう。

問い合わせ／草薙龍勢花火大会実行委員会事務局 ☎054-346-6543
開催場所／草薙神社周辺
開催時間／
駐車場／

87

**日・タイ友好 長政まつり** 0円

タイ屋台がずらりと並ぶ

複雑な動きをするタイの象人形

メインの戦艦図絵馬奉納行列

**10月** 中旬の日曜日

## ムエタイ・タイ屋台ありで異国感た〜っぷり

家康時代に浅間通りからタイに渡り最高官位まで上った山田長政にちなんで始まった祭り。もう29回目。催しが多いのが特徴で、多すぎて掴みきれない上に毎年変わる！去年はトゥクトゥクの無料試乗会やよしもと芸人お笑いライブ、タイウェデイングがあった。恒例で大好きなのは、甘辛〜い香りのアジア屋台と「ムエタイパフォーマンス」。大人&子ども選手が筋肉をさらしてバッシバッシと連続キック。生身の戦いに夢中になる。他にも、木遣り・タイダンス・象人形パレードと、てんやわんや。異国のお祭りに紛れ込んだみたいでもう最高。タイ政府バックアップの特別なタイ旅行も当たるよ〜。

問い合わせ／静岡浅間通り商店街振興組合　☎253-0721
開 催 場 所／静岡市葵区浅間通り
開 催 時 間／11:00〜17:00
駐　車　場／

## 安倍川流木クリーンまつり 0円

張り切って食べてます

**11月** 中旬の日曜日

## エッサホイサと流木集め
## ご褒美は炊き出しのあったか料理

私は小枝を集めるわ

これがオレ達の集めた流木だぜ

安倍川沿いの流木を集めるお掃除祭り。田町の安倍川親水公園広場と牛妻の水辺の楽校付近で行われる。参加者は両会場併せて1400人！子どもにボランティアができるのか心配だったけど、大人に混じって探検＆お手伝い気分で楽しそう。重くて運べなかったり、つまずいて転んだり、たくましくなったな～。大型重機と一緒に奮闘する事1時間、山盛りの流木が集まったところで終了。牛妻会場では、頑張ったご褒美に温かい炊き出しが用意される。アマゴ唐揚げ・ポップコーン・焼き芋・きのこ汁など、その年々で色々な料理がいっぱい。寒い時期だから厚着必須。ゴミ袋と軍手は会場にあるよ。

問い合わせ／安倍川流木クリーンまつり実行委員会事務局
　　　　　　国土交通省中部地方整備局　静岡河川事務所　☎273-9105（平日9:00〜17:00）
開催場所／田町会場　安倍川親水公園広場
　　　　　　牛妻会場　水辺の楽校周辺
開催時間／8:30受付〜11:00
駐車場／あり

## ネクト歳の市

**0円**

ピエロの作る風船も無料

ホカホカの焼き芋の後ろでは実は三味線の生演奏

ぬり絵を描いて出すと詰め合わせたお菓子をくれる

**12月 29日**

## 気球やポニーにも乗れる のんきなイベント

年末恒例「歳の市」。目玉は熱気球。のんきな畑の風景にカラフルな気球が浮いてる姿が可愛い。どこかに飛んで行く訳じゃなくて、ふわっと上がって降りるフライト。大人600円子ども0歳〜300円。人気があるから8時半に配る9〜11時の時間別の整理券をゲットして。風のない早い時間がオススメ。気球の籠の上でガーっと大きな音で燃える炎が見どころ。羊とヤギのふれあいは無料、300円でポニーの乗馬もできる。内容は年によって変わるけど、お絵かきせんべいや豚汁、直売野菜の出店がい〜っぱいなのは定番。茶や餅などネクト商品を買うと抽選もできちゃう。イベント納めに行ってみて。

```
問い合わせ／農業生産法人(有)ネクト    ☎277-2111
開催場所／ネクト敷地内  葵区新聞2332
開催時間／9:00〜13:00(強風で中止の場合あり)
駐 車 場／あり
```

> P代の心配ご無用

# 車でGO!

【問題】
# この標示って何だろう？

【答え】
「高齢運転者等専用駐車区間」の標示。
実は、妊娠中と産後8週間に無料で停められる、街中の路上駐車スペースなんです。

妊婦だった時、街中に車で出かけると立体駐車場ばかりでぐるぐる目が回って気持ち悪くなったのが忘れられない。二人目を妊娠した時にこの制度を知って早々に申請したら、妊娠中はもちろん、出産後でも期間内なら利用できてずいぶん助かった。産後の身体で赤ちゃんを抱えマザーバックを持って駐車場まで歩くのは辛い。バスの移動はもっと辛い。この制度があって、出かけたいイライラを抱えてウツウツしてた気持ちが軽くなった気がする。

【利用には…】
本人による申請が必要。運転免許証と車検証と母子健康手帳を持って最寄りの警察署へ。1週間程度で車両番号の入った「専用場所駐車標章」が交付されるので、フロントガラスなど見えやすい場所に掲示する。大変なようだけど、複雑な手続きではない。妊婦になったら申請してみよう。

静岡市役所前

清水銀座

問い合わせ／静岡県警察本部交通部交通規制課規制係
TEL.054-271-0110

【問題】
**じゃあ この標識は？**

【答え】
「土日休日の駐車禁止解除」の補助標識。

普段は駐車禁止の場所も、この補助標識が付いている所なら時間内に限って、車を駐車できちゃう。公園の近くにも結構あるんです。

車が停められたらいいのに、と思っていた近くの公園。よーく見たら公園周辺道路の標識に「土日休日駐禁解除」の文字を発見！調べてみたら市内に5カ所、公園付近で駐禁解除になる場所があった。自転車だとちょっと遠い公園も、車で行けばスイスイスイ。「またいつもの公園〜」なんてセリフは言わせないよ。

公園周辺道路のこの標識があるところを探して。必ず補助標識をよく見て時間内に駐車しよう。

〔葵区〕　城北公園／大岩本町
　　　　清水山公園／音羽町
　　　　田町公園／田町3丁目
　　　　牧ヶ谷北公園／牧ヶ谷

問い合わせ／静岡県警察本部交通部交通規制課
TEL.054-271-0110

# 自分でタダビバ

「自分でタダビバ」は どこかを目指して出かけなくても、どこでもできる遊びのページ。誰に教えてもらおうか?って思った時、一番に頭に浮かんだのが、遊びの達人そのさん。私の遊びとそのさんの遊び。全部で7つを紹介しま〜す。

96

静岡ホーム保育学園に積み木遊びの出前中

### そのさんてこんな人

そのさんは積み木遊びの出前人。積み木を積んでたら、いつの間にやらドミノになって、あれよあれよという間にでっかいドームが出来ちゃって、今度は積み木をひとつずつ、そ〜っと押し出してみると…ビックリ！いつのまにやら入り口が！中にも入れちゃう〜。なんて遊びを色々教えてくれる。積み木を使った昔話やビーズの舟遊びもお手の物で、子どもが自分で遊べるように導くのがとっても上手。

そのさんの帽子は障害者就労支援作業所ライクのオリジナル！

所 在 地／清水区中之郷3丁目3-6
m a i l／info@sonosan.jp

清水中央図書館にて読み聞かせボランティア（毎月第一土曜日14：00〜14：30）ほか各所で無料イベントを開催してますが、積み木の出前は有料です。
●HPで確認を http://sonosan.jp

## ① ぬけがらドレス

### 子どもが山盛り採ってきたぬけがら！さあ、どうする?!

**用意するもの**
- セミのぬけがら
- 絵の具
- 筆

**つくりかた**
① ぬけがらをそっとつかんで
② 好きな色で塗る。乾いたら完成。

**そのさん！ポイント**
絵の具をはじきやすいのでボテッと厚めに塗ろう。

こんなに集めちゃって〜

## ② スプーンプラバン

ねじがらドレスと言ったらカラフル
カラフルなつはスプーンプラバン

# 使い捨てスプーンをトーストすると
# いろんなキノコが作れるよ

### 用意するもの
○アイスやプリンについてくるプラスチックの透明なスプーン

### つくりかた
① 使い捨てスプーンに油性マジックで絵を描く。
② トースターで3分位焼くとだんだん縮まってくる。
③ 半分以下に縮まって厚みが出たら完成。

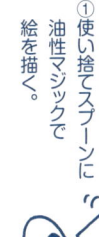

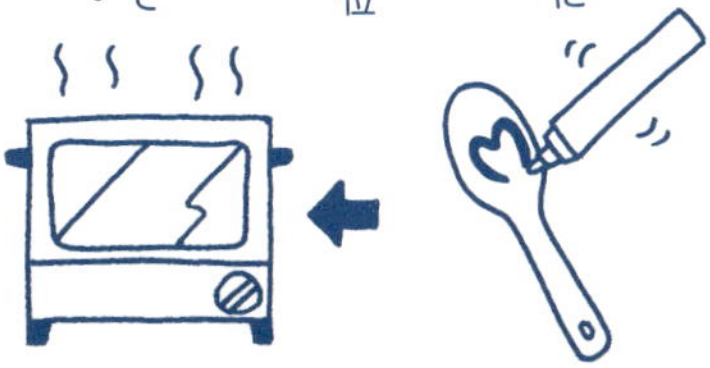

### やすこ・ポイント
反り返っても熱い内に直せば大丈夫。お皿でぺちゃんこにすると熱くない。そのままクルンと丸めると指輪みたいになるよ。

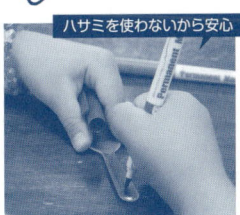

ペットボトルを焼いても楽しい

ハサミを使わないから安心

## ③ ピカピカよもぎ石磨き

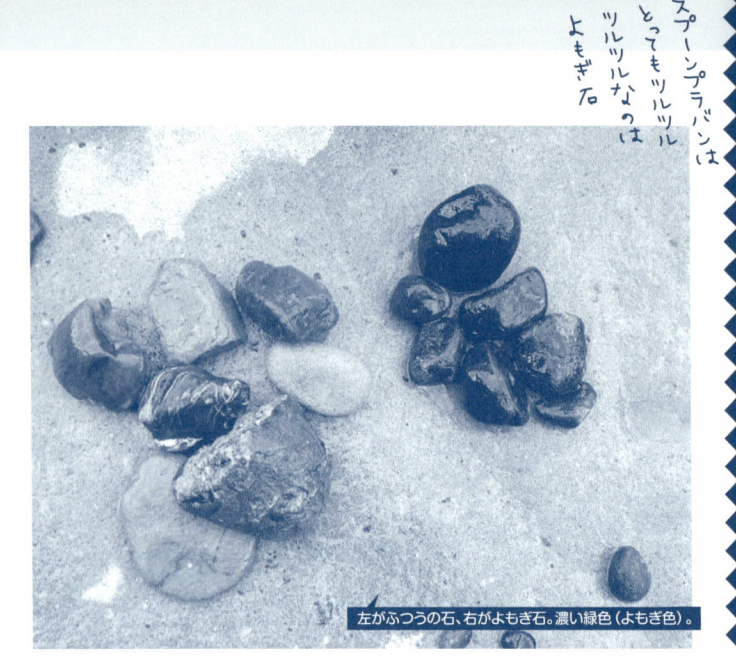

### よもぎ石をピカピカに磨いて自分だけの宝物を!

スプーンプラバンはとってもツルツルツルツルになるのはよもぎ石

左がふつうの石、右がよもぎ石。濃い緑色（よもぎ色）。

**用意するもの**
○蛇紋岩（じゃもんがん）（通称よもぎ石）

**つくりかた**
① よもぎ石を、平たい濡れた石の上でこすって磨こう！よもぎ石は柔らかいから、簡単に磨けるよ。紙ヤスリならもっとかんたん！

**そのさん！ポイント**
磨くと白や黄色のとぎ汁が出るので、顔に塗って遊ぼう。

ゴシゴシ　ゴシゴシ

わらしな川に行くとみつけやすい

写真協力：しずおか流域ネットワーク　みすがき倶楽部

100

④
# レンジでカスタード

よもぎと言ったら美味いなぁ 美味いつはカスタードクリーム

## 火を使わないから子どもでも簡単

### 用意するもの
- ○薄力粉　○卵
- ○牛乳　　○砂糖

### つくりかた

① それぞれ大さじ2の薄力粉と、砂糖を混ぜた(A)と卵黄1個と牛乳100ccを混ぜた(B)を用意。

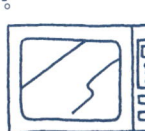

② AとBをよく混ぜ、ラップしてレンジで1分。

③ 一旦取り出してよく混ぜ再度レンジで30秒。これを2回繰り返したら出来上がり。

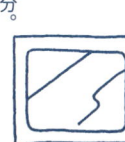

### やすこ・ポイント

余裕があれば、熱い内に大さじ半分のバターを入れると美味しさアップ。バニラエッセンスを入れたらなお良し。

チンできるどんぶりでOK

## ⑤ 現地調達フィッシング

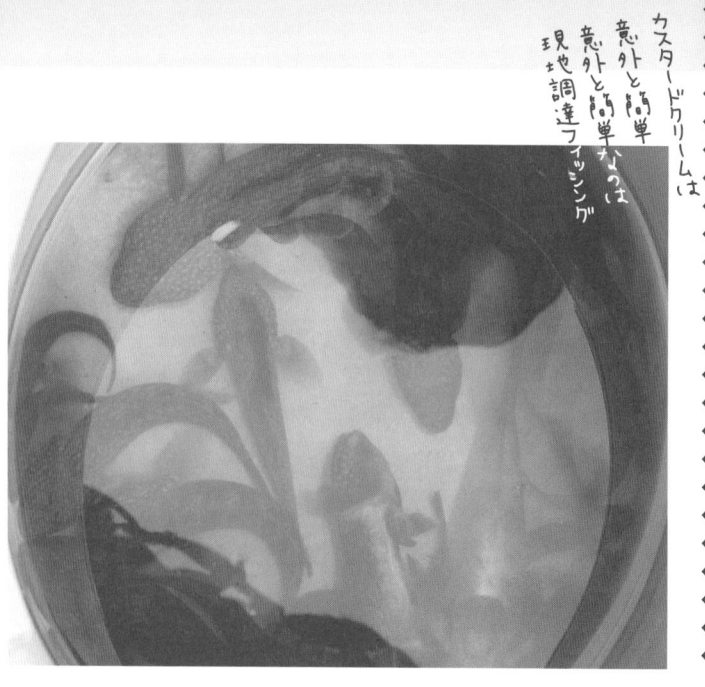

カスタードクリームは意外と簡単なのは意外と簡単現地調達フィッシング

## その場でみつけた道具でサカナ釣り。
## 意外と釣れる！

**用意するもの**

○枝とエサ（川ムシ、ミミズ）を探す。
○糸付きの釣り針、オモリ（釣具屋さんで購入100〜150円）
○カッターナイフ（釣った魚をエサにするため）

### あそびかた

① 枝の先端に糸を結ぶ。糸を長く付け足してもいいよ。

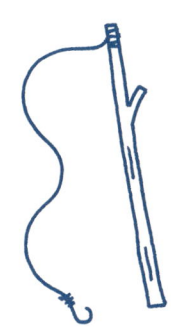

② 釣り針から2〜3センチのところにオモリをつける。

③ 流れのゆるい場所にある大きな石の陰にエサをつけた仕掛けを落として、針が底に着いたらゆっくりと枝を上げ下げする。

④ 魚が喰いついたら、あわてずに枝を上げる。

### そのさん！ポイント

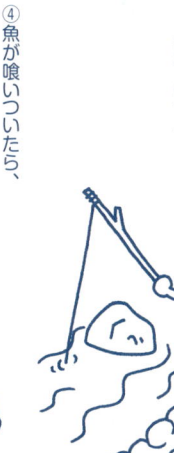

○釣った魚をちょっとかわいそうだけど、カッターで切り身にして針につけるとビックリするほどよく釣れる！
○使う釣り針はカエシのない針（写真は改良鮎エサ針150円）にするか、カエシをペンチ等でつぶしておくと釣った魚を外しやすいよ。
○最初のエサを現地でみつけられない時は、バーベキューの残り（魚肉ソーセージやイカの切り身）でもOK！

## ⑥ スイカすいすい♪

フィッシングは川遊びで
川遊びならスイカすいすい

## 小さい子でもカンタン
## じょうずに水切りあそび！

### 用意するもの
○スイカの皮
○包丁または小刀、カッターナイフ

### つくりかた
① スイカを食べて皮を丸くカットする
② 川上に向かって投げる。

### そのさん！ポイント
○スイカの皮は川上に投げれば戻ってくるよ。
○メロンやオレンジの皮でもうまくできたよ！
○あそんだ皮はちゃんと持ち帰ろう！

104

## ⑦窓シール

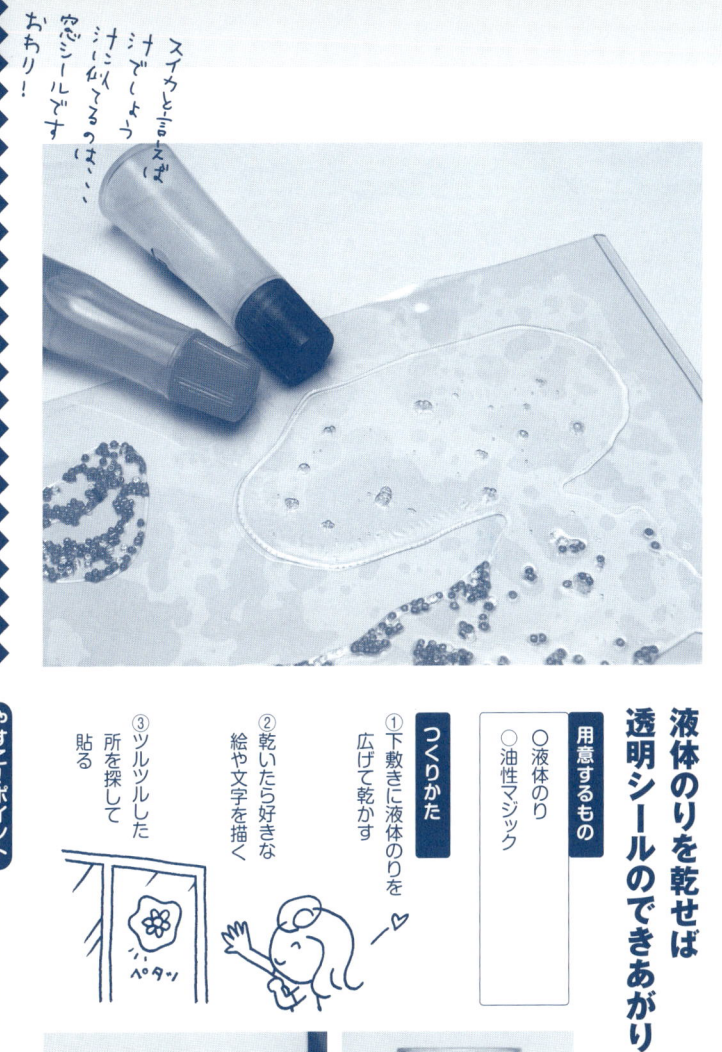

スイカと言えば汁でしょう汁に似てるつまり…窓シールですおわり！

## 液体のりを乾せば透明シールのできあがり

### 用意するもの
- 液体のり
- 油性マジック

### つくりかた
① 下敷きに液体のりを広げて乾かす
② 乾いたら好きな絵や文字を描く
③ ツルツルした所を探して貼る

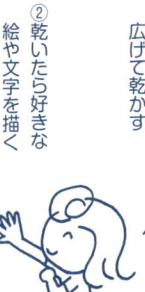

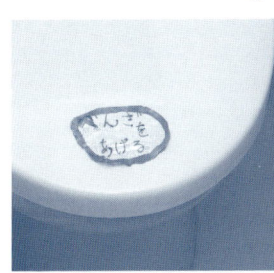

### やすこーポイント
のりがつながっちゃったらハサミで切ってね。

# 地図

- 安倍ごころ(P43)
- 牛妻水辺の楽校(P24)
- 牛妻不動の滝(P47)
- 今宮公園(P54)
- 沼上資源循環学習プラザ(P38)
- 静岡縣護國神社(P56)
- しずおかおもちゃ図書館(P29)
- アイセル21 静岡市女性会館(P72)
- 静岡市美術館(P41)
- 静岡県男女共同参画センターあざれあ(P73)
- 静岡県地震防災センター(P34)

## 清水区

- 善源寺
- 安隠寺
- 伊佐布北滝
- 山原無線中継所
- 平山温泉
- 善応寺
- 清水高部小
- 材工団地
- 小糸製作所
- イハラ紙器
- 草薙駅
- 船越堤公園
- 静岡県立大
- 草薙神社
- 県立美術館
- 静岡英和学院大
- 日本平動物園
- 聖光学院
- 日本平
- 日本平パークウェイ
- 天羽衣神社
- 久能小

## 駿河区

- 竜爪山
- 文珠岳
- 高山
- 松野小
- 福寿院
- 賤機小
- 宝樹院
- 美和中
- 新静岡IC
- 鯨ヶ池
- 瑞雲寺
- 北沼上小
- 麻機小
- こども病院
- 静岡北高
- 西奈小
- 賤機中
- 安倍街道
- 麻機街道
- 賤機南小
- 西ケ谷総合運動場
- 狩野橋
- 県立こころの医療センター
- 常葉学園大
- 静清流通センター
- 鳥坂IC
- 千代田上土IC
- 瀬名IC
- 唐瀬IC
- 昭府IC
- 静岡総合病院
- 静岡刑務所
- 静岡農高
- 国立印刷局
- 静岡市斎場
- 千代IC
- 臨済寺
- 城北高
- 静岡市立高
- 城北公園
- 静岡高
- 浅間神社
- 草薙総合運動場
- グランシップ
- 東静岡駅
- 駿府城公園
- 静岡市役所
- しんしずおか
- 県立短大
- 羽鳥IC
- 静岡西高
- 静岡駅
- ツインメッセ
- 三菱電機
- 静岡競輪場
- 静岡ジョブステーション
- 静岡大
- 長田北小
- 城南静岡高
- 駿河区役所
- 駿河総合高
- 徳願寺
- SBS・静岡新聞
- 登呂遺跡
- 大谷小
- 静岡IC
- 駿河大橋
- 安倍川橋
- 長田中
- 駿河湾

106

# 葵 区

大棚山 ▲

⑳⑤

突先山 ▲

大川発電所

大山 ▲

⑳⑤

足久保小

㉜㉒

清沢発電所

高山 ▲

盤龍寺

清沢小

水見色小

葵区

静岡リハビリテーション病院

藁科都市山村交流センターわらびこ(P36)

常安寺  福養橋

東泉寺

㉑⓪

中藁科小  藁科中

大林寺

藁科金属工業団地

㉒⓪⑦

服織西小

洞慶院

㊵㊵

服織児童館と夏プール(P30)

見性寺

建穂

㉞㉒

服小

藁科川

南藁科小

産女観音

動物愛護館(P40)

牧ヶ谷

藤枝市

㉒⓪⑨

新東名高速

又又子藁トン科ネル

吐月峰柴屋寺

丸子城跡

駿府匠宿

丸子IC

誓願寺

丸子宿

107

# 駿河区

## 地図上の地名・施設

- 清水IC
- 静清バイパス
- 善応寺
- 清見潟公園
- 清水高部小
- 清水東高
- 静岡北高
- ま・あ・る
- 西奈小
- 清水駅
- 常葉学園大
- 材工団地
- 小糸製作所
- 東海大学海洋科学博物館
- イハラ紙器
- しみずおもちゃ図書館
- エスパルスドリームプラザ
- 高坂IC
- しんしみず
- 日本軽金属
- 瀬名IC
- 清水桜が丘高
- 火力発電所
- 静岡鉄道
- 梅蔭寺
- 御穂神社
- 岡農高
- 清水区
- 船越堤公園
- 清水三中
- 草薙駅
- 静岡県立大
- 鉄舟寺
- 静清浄化センター
- 羽衣の松
- 三保松原
- 国立印刷局
- 草薙神社
- 清水四中
- 県立美術館
- 龍華寺
- 草薙総合運動場
- 東海大翔洋高
- グランシップ
- 日本平運動公園
- 清水南高
- 静岡英和学院大
- 市立清水病院
- 静岡県立短大
- 日本平動物園
- 静岡競輪場
- 聖光学院
- 日本平
- 三菱電機
- 日本平パークウェイ
- 静岡大
- 清水日本平パークウェイ
- 久能山
- 久能山東照宮
- 久能小
- 大谷小
- 天羽衣神社
- 大里東小

駿河湾

## 葵区

- 水見色小
- 美和中
- 新静岡IC
- 今宮公園
- 鯨ケ池
- 74
- 瑞雲寺
- 沼上資源循環プラザ
- 賤機中
- 麻機小
- こども病院
- こども病院
- 安倍川
- 安倍街道
- 27
- 麻機街道
- 静清流通センター
- 29
- 賤機南小
- 西ケ谷総合運動場
- 狩野橋
- 県立こころの医療センター
- 千代田上土IC
- 唐瀬IC
- 1
- 増善寺
- 静岡刑務所
- 昭府IC
- 静岡総合病院
- 362
- 洞慶院
- 静岡市斎場
- 城北高
- 静岡市立高
- 服織西小
- 服織児童館と夏プール
- 建穂寺
- 千代IC
- 臨済寺
- 見性寺
- 服織小
- 城北公園
- 静岡高
- 服織中
- 浅間神社
- 東静岡駅
- しずおかおもちゃ図書館
- アイセル21
- 藁科川
- 南藁科小
- 動物愛護館
- 産女観音
- 駿府城公園
- 羽島IC
- 静岡市美術館
- 静岡県庁
- 新東名高速
- 静岡西高
- 静岡県男女共同参画センターあざれあ
- しんしずおか
- 静岡駅
- 354
- ツインメッセ
- 牧ケ谷IC
- 静岡県地震防災センター
- 駿河総合高
- 静岡ジョブステーション(P74)
- 駿河区役所
- 丸子藁科トンネル
- 長田北小
- SBS・静岡新聞
- 吐月峰柴屋寺
- 207
- 徳願寺
- 登呂遺跡
- 丸子城跡
- 駿府匠宿
- 大里西小
- 丸子IC
- 丸子宿
- 静岡大橋
- 84
- 誓願寺
- 丸子宿
- 長田西中
- 長田東小
- 静岡IC
- 安倍川橋
- 宇津ノ谷峠
- 宇津ノ谷峠
- 366
- 安倍川駅
- 東名高速道路
- 南安倍川橋
- 150
- 巴川製紙
- 長田南小
- 中島浄化センター(P52)
- 満観峰
- 日枝神社
- 広野海岸公園
- 用宗駅
- SBSマイホームセンター(P50)

## 焼津市

| 52 | 小河内浄水場
由比入山親水公園(P61) ── ● 由比北小
八幡神社 東山神社
清水小河内小 浜石岳 ▲ 青少年野外センター 蒲原トンネル 東名高速道路 蒲原中
常円寺 新蒲原駅
西山神社 由比中 蒲原駅
陣笠山公園(P62) ● オーリオ(P66)
由比宿 東海道広重美術館
唯幣橋 由比駅
清水小島小 由比漁港
酒朔神社 潮音寺
承元寺

薩埵峠

浄蓮寺
興津中
興津駅
清見寺 静清バイパス

駿河湾

── 清水港の客船見学(P48)

東海大学
海洋科学博物館

御殿山(P66)

御穂神社
199
羽衣の松 三保松原

清水区

110

# 地図

## 清水区

- 清水森林公園やすらぎの森(P64)
- やませみの湯
- 清水西河内小
- 西里キャンプ適地(P65)
- 慈雲寺
- 青少年自然家
- 清水両河内中
- 浄水場
- 高根山
- 竜爪山
- 文珠岳
- 高山
- 善源寺
- 吉原温泉
- 伊佐布北滝
- 安隠寺
- 清水いはらIC
- 山原無線中継所
- J-STEP
- 東久佐奈岐神社

## 葵区

- 平山温泉
- 北沼上小
- 今宮公園
- 瑞雲寺
- 沼上資源循環センター啓発施設
- 麻機小
- 静岡北高
- こども病院
- 西奈小
- 常葉学園大
- 鳥坂IC
- 静岡流通センター
- 千代田上土IC
- 瀬名IC
- 静岡刑務所
- 静岡総合病院
- 清水高部小
- 善応寺
- 清水IC
- 清見潟公園(P22)
- ま・あ・る(P42)
- 清水東高
- 清水駅
- しみずおもちゃ図書館(P27)
- 材工団地 イハラ紙器
- 小糸製作所
- しんしみず
- エスパルスドリームプラザ
- 清水桜が丘高
- 梅蔭寺
- 火力発電所

## 駿河区

- 静岡鉄道
- 草薙駅
- 船越堤公園
- 静岡県立大
- 静清浄化センター(P52)
- 草薙神社
- 鉄舟寺
- 清水三中
- 国立印刷局
- 静岡市立高
- 静岡農高
- 県立美術館
- 清水四中
- 龍華寺

望月やすこ
静岡市内在住のフリーカメラマン。キムタク世代の身体にムチ打ちながら3歳7歳の育児にほとほと苦戦中。もしかして子育てが苦手なんじゃないかと薄々気がついてます。「作家ものと暮らす」(静岡新聞社発行)などの他、書籍・雑誌などの撮影多数。

モデルの子どもたち
こはるちゃん　ゆあんくん　なこちゃん　とわくん　あんちゃん　さくらちゃん　たいちくん　みなちゃん　もあちゃん　もなちゃん　はなちゃん　ほのかちゃん　じゅりちゃん　ひなたちゃん　そのかちゃん　じんたくん　しんたろうくん　らんちゃん　すみれちゃん　まなちゃん　あんじゅちゃん　れいじゅちゃん　こうだいくん　たかとくん　ひよしくん　こうきくん

〈裏表紙・タイトル・寄稿ページのイラストを描いてくれたこどもたち（あいうえお順）〉
新井慎之助、新井みなみ、落合俊介、ことは、たかのみんと、ナッツ、萩原彩妃、ゆうか、ゆうせい、LION

## 子連れのタダビバ　静岡市内篇

2014年3月14日初版発行
著者　望月やすこ
デザイン・イラスト　アドクック　海野洋二
発行者　大石剛
発行所　静岡新聞社
〒422-8033　静岡市登呂3-1-1　電話054-284-1666
印刷・製本　図書印刷
©Shizuoka Shimbun 2014, Printed in Japan
ISBN978-4-7838-1950-9　C0076　¥800E

●落丁・乱丁本はお取り替えいたします。